心一堂術數古籍珍本叢刊

書名：批注地理合璧附玄空真訣（一）

系列：心一堂術數古籍珍本叢刊 堪輿類 第三輯 334

作者：【清】王楷、章仲山、溫明遠原輯撰 【民國】朱紫君輯校 【民國】霜湘

批注

心一堂術數古籍珍本叢刊編校小組：陳劍聰 素聞 鄒偉才 虛白盧主 丁鑫華

主編、責任編輯：陳劍聰

出版：心一堂有限公司

通訊地址：香港九龍旺角彌敦道六一〇號荷李活商業中心十八樓〇五一〇六室

深港讀者服務中心·中國深圳市羅湖區立新路六號羅湖商業大廈負一層〇〇八室

電話號碼：(852)9027-7110

網址：publish.sunyata.cc

電郵：sunyatabook@gmail.com

淘寶店地址：https://sunyata.taobao.com

微店地址：https://weidian.com/s/1212826297

臉書：https://www.facebook.com/sunyatabook

讀者論壇：http://bbs.sunyata.cc/

版次：二零二二年三月初版

平裝：四冊不分售

定價：港幣　九百八十元正

　　　新台幣　三仟九百八十元正

國際書號：ISBN 978-988-8583-63-8

香港發行：香港聯合書刊物流有限公司

地址：香港新界荃灣德士古道二二〇~二四八號荃灣工業中心十六樓

電話號碼：(852)2150-2100

傳真號碼：(852)2407-3062

電郵：info@suplogistics.com.hk

網址：http://www.suplogistics.com.hk

台灣發行：秀威資訊科技股份有限公司

地址：台灣台北市內湖區瑞光路七十六巷六十五號一樓

電話號碼：+886-2-2796-3638

傳真號碼：+886-2-2796-1377

網絡書店：www.bodbooks.com.tw

台灣秀威書店讀者服務中心：

地址：台灣台北市中山區松江路二〇九號一樓

電話號碼：+886-2-2518-0207

傳真號碼：+886-2-2518-0778

網絡書店：http://www.govbooks.com.tw

中國大陸發行　零售：深圳心一堂文化傳播有限公司

深圳地址：深圳市羅湖區立新路六號羅湖商業大廈負一層〇〇八室

電話號碼：(86)0755-82224934

心一堂微店二維碼

心一堂淘寶店二維碼

心一堂術數古籍 珍本 整理 叢刊 總序

術數定義

術數，大概可謂以「推算（推演）、預測人（個人、群體、國家等）、事、物、自然現象、時間、空間方位等規律及氣數，並或通過種種『方術』，從而達致趨吉避凶或某種特定目的」之知識體系和方法。

術數類別

我國術數的內容類別，歷代不盡相同，例如《漢書‧藝文志》中載，漢代術數有六類：天文、曆譜、五行、蓍龜、雜占、形法。至清代《四庫全書》，術數類則有：數學、占候、相宅相墓、占卜、命書、相書、陰陽五行、雜技術等，其他如《後漢書‧方術部》、《藝文類聚‧方術部》、《太平御覽‧方術部》等，對於術數的分類，皆有差異。古代多把天文、曆譜、及部分數學均歸入術數類，而民間流行亦視傳統醫學作為術數的一環；此外，有些術數與宗教中的方術亦往往難以分開。現代民間則常將各種術數歸納為五大類別：命、卜、相、醫、山，通稱「五術」。

本叢刊在《四庫全書》的分類基礎上，將術數分為九大類別：占筮、星命、相術、堪輿、選擇、三式、讖諱、理數（陰陽五行）、雜術（其他）。而未收天文、曆譜、算術、宗教方術、醫學。

術數思想與發展——從術到學，乃至合道

我國術數是由上古的占星、卜筮、形法等術發展下來的。其中卜筮之術，是歷經夏商周三代而通過「龜卜、蓍筮」得出卜（筮）辭的一種預測（吉凶成敗）術，之後歸納並結集成書，此即現傳之《易

經》。經過春秋戰國至秦漢之際，受到當時諸子百家的影響、儒家的推崇，遂有《易傳》等的出現，原本是卜筮術書的《易經》，被提升及解讀成有包涵「天地之道（理）」之學。因此，《易·繫辭傳》曰：「易與天地準，故能彌綸天地之道。」

漢代以後，易學中的陰陽學說，與五行、九宮、干支、氣運、災變、律曆、卦氣、讖緯、天人感應說等相結合，形成易學中象數系統。而其他原與《易經》本來沒有關係的術數，如占星、形法、選擇，亦漸漸以易理（象數學說）為依歸。《四庫全書·易類小序》云：「術數之興，多在秦漢以後。要其旨，不出乎陰陽五行，生尅制化。實皆《易》之支派，傳以雜說耳。」至此，術數可謂已由「術」發展成「學」。

及至宋代，術數理論與理學中的河圖洛書、太極圖、邵雍先天之學及皇極經世等學說給合，通過術數以演繹理學中「天地中有一太極，萬物中各有一太極」（《朱子語類》）的思想。術數理論不單已發展至十分成熟，而且也從其學理中衍生一些新的方法或理論，如《梅花易數》、《河洛理數》等。

在傳統上，術數功能往往不止於僅僅作為趨吉避凶的方術，及「能彌綸天地之道」的學問，亦有其「修心養性」的功能，「與道合一」（修道）的內涵。《素問·上古天真論》：「上古之人，其知道者，法於陰陽，和於術數。」數之意義，不單是外在的算數、歷數、氣數，而是與理學中同等的「道」、「理」--心性的功能，北宋理氣家邵雍對此多有發揮：「聖人之心，是亦數也」、「萬化萬事生乎心」、「心為太極」。《觀物外篇》：「先天之學，心法也。……蓋天地萬物之理，盡在其中矣，心一而不分，則能應萬物。」反過來說，宋代的術數理論，受到當時理學、佛道及宋易影響，認為心性本質上是等同天地之太極。天地萬物氣數規律，能通過內觀自心而有所感知，即是內心也已具備有術數的推演及預測、感知能力；相傳是邵雍所創之《梅花易數》，便是在這樣的背景下誕生。

《易·文言傳》已有「積善之家，必有餘慶；積不善之家，必有餘殃」之說，至漢代流行的災變說及讖緯說，我國數千年來都認為天災，異常天象（自然現象），皆與一國或一地的施政者失德有關；下

至家族、個人之盛衰，也都與一族一人之德行修養有關。因此，我國術數中除了吉凶盛衰理數之外，人心的德行修養，也是趨吉避凶的一個關鍵因素。

術數與宗教、修道

在這種思想之下，我國術數不單只是附屬於巫術或宗教行為的方術，又往往是一種宗教的修煉手段——通過術數，以知陰陽，乃至合陰陽（道）。「其知道者，法於陰陽，和於術數。」例如，「奇門遁甲」術中，即分為「術奇門」與「法奇門」兩大類。「法奇門」中有大量道教中符籙、手印、存想、內煉的內容，是道教內丹外法的一種重要外法修煉體系。甚至在雷法一系的修煉上，亦大量應用了術數內容。此外，相術、堪輿術中也有修煉望氣（氣的形狀、顏色）的方法；堪輿家除了選擇陰陽宅之吉凶外，也有道教中選擇適合修道環境（法、財、侶、地中的地）的方法，以至通過堪輿術觀察天地山川陰陽之氣，亦成為領悟陰陽金丹大道的一途。

易學體系以外的術數與的少數民族的術數

我國術數中，也有不用或不全用易理作為其理論依據的，如揚雄的《太玄》、司馬光的《潛虛》。也有一些占卜法、雜術不屬於《易經》系統，不過對後世影響較少而已。

外來宗教及少數民族中也有不少雖受漢文化影響（如陰陽、五行、二十八宿等學說。）但仍自成系統的術數，如古代的西夏、突厥、吐魯番等占卜及星占術，藏族中有多種藏傳佛教占卜術、苯教占卜術、擇吉術、推命術、相術等；北方少數民族有薩滿教占卜術；不少少數民族如水族、白族、布朗族、佤族、彝族、苗族等，皆有占雞（卦）草卜、雞蛋卜等術，納西族的占星術、占卜術，彝族畢摩的推命術、占卜術……等等，都是屬於《易經》體系以外的術數。相對上，外國傳入的術數以及其理論，對我國術數影響更大。

曆法、推步術與外來術數的影響

我國的術數與曆法的關係非常緊密。早期的術數中，很多是利用星宿或星宿組合的位置（如某星在某州或某宮某度）付予某種吉凶意義，并據之以推演，例如歲星（木星）、月將（某月太陽所躔之宮次）等。不過，由於不同的古代曆法推步的誤差及歲差的問題，若干年後，其術數所用之星辰的位置，已與真實星辰的位置不一樣了；此如歲星（木星），與木星真實周期十一點八六年，每幾十年便錯一宮。後來術家又設一「太歲」的假想星體來解決，是歲星運行的相反，週期亦剛好是十二年。而術數中的神煞，很多即是根據太歲的位置而定。又如六壬術中的「月將」，原是立春節氣後太陽躔娵訾之次，當時沈括提出了修正，但明清時六壬術中「月將」仍然沿用宋代沈括修正的起法沒有再修正。

由於以真實星象周期的推步術是非常繁複，而且古代星象推步術本身亦有不少誤差，大多數術數除依曆書保留了太陽（節氣）、太陰（月相）的簡單宮次計算外，漸漸形成根據干支、日月等的各自起例，以起出其他具有不同含義的眾多假想星象及神煞系統。唐宋以後，我國絕大部分術數都主要沿用這一系統，也出現了不少完全脫離真實星象的術數，如《子平術》、《紫微斗數》、《鐵版神數》等。後來就連一些利用真實星辰位置的術數，如《七政四餘術》及選擇法中的《天星選擇》，也已與假想星象及神煞混合而使用了。

隨着古代外國曆（推步）、術數的傳入，如唐代傳入的印度曆法及術數，元代傳入的回回曆等，其中我國占星術便吸收了印度占星術中羅睺星、計都星等而形成四餘星，又通過阿拉伯占星術而吸收了其中來自希臘、巴比倫占星術的黃道十二宮、四大（四元素）學說（地、水、火、風），並與我國傳統的二十八宿、五行說、神煞系統並存而形成《七政四餘術》。此外，一些術數中的北斗星名，不用我國傳統的星名：天樞、天璇、天璣、天權、玉衡、開陽、搖光，而是使用來自印度梵文所譯的：貪狼、巨

門、祿存、武曲、廉貞、破軍等，此明顯是受到唐代從印度傳入的曆法及占星術所影響。如星命術中的《紫微斗數》及堪輿術中的《撼龍經》等文獻中，其星皆用印度譯名。及至清初《時憲曆》，置閏之法則改用西法「定氣」。清代以後的術數，又作過不少的調整。

此外，我國相術中的面相術、手相術，唐宋之際受印度相術影響頗大，至民國初年，又通過翻譯歐西、日本的相術書籍而大量吸收歐西相術的內容，形成了現代我國坊間流行的新式相術。

陰陽學——術數在古代、官方管理及外國的影響

術數在古代社會中一直扮演着一個非常重要的角色，影響層面不單只是某一階層、某一職業、某一年齡的人，而是上自帝王，下至普通百姓，從出生到死亡，不論是生活上的小事如洗髮、出行等，大事如建房、入伙、出兵等，從個人、家族以至國家，從天文、氣象、地理到人事、軍事，從民俗、學術到宗教，都離不開術數的應用。我國最晚在唐代開始，已把以上術數之學，稱作陰陽（學），行術數者稱陰陽人。（敦煌文書、斯四三二七唐《師師漫語話》：「以下說陰陽人謾語話」，此說法後來傳入日本，今日本人稱行術數者為「陰陽師」）。一直到了清末，欽天監中負責陰陽術數的官員中，以及民間術數之士，仍名陰陽生。

古代政府的中欽天監（司天監），除了負責天文、曆法、輿地之外，亦精通其他如星占、選擇、堪輿等術數，除在皇室人員及朝庭中應用外，也定期頒行日書、修定術數，使民間對於天文、日曆用事吉凶及使用其他術數時，有所依從。

我國古代政府對官方及民間陰陽學及陰陽官員，從其內容、人員的選拔、培訓、認證、考核、律法監管等，都有制度。至明清兩代，其制度更為完善、嚴格。

宋代官學之中，課程中已有陰陽學及其考試的內容。（宋徽宗崇寧三年〔一一零四年〕崇寧算學令：「諸學生習……並曆算、三式、天文書。」「諸試……三式即射覆及預占三日陰陽風雨。天文即預

定一月或一季分野災祥，並以依經備草合問為通。」

金代司天臺，從民間「草澤人」（即民間習術數人士）考試選拔：「其試之制，以《宣明曆》試推步，及《婚書》、《地理新書》試合婚、安葬，並《易》筮法，六壬課、三命、五星之術。」（《金史》卷五十一・志第三十二・選舉一）

元代為進一步加強官方陰陽學對民間的影響、管理、控制及培育，除沿襲宋代、金代在司天監掌管陰陽學及中央的官學陰陽學課程之外，更在地方上增設陰陽學教授員，於路、府、州設教授員，培育及管轄地方陰陽人。（《元史・選舉志一》：「世祖至元二十八年夏六月始置諸路陰陽學。」）地方上也設陰陽學教授員，於路、府、州設教授員，培育及管轄地方陰陽人。（《元史・選舉志一》：「（元仁宗）延祐初，令陰陽人依儒醫例，於路、府、州設教授員，凡陰陽人皆管轄之，而上屬於太史焉。」）自此，民間的陰陽術士（陰陽人），被納入官方的管轄之下。

至明清兩代，陰陽學制度更為完善。中央欽天監掌管陰陽學，明代地方縣設陰陽學正術，各州設陰陽學典術，各縣設陰陽學訓術。陰陽人從地方陰陽學肄業或被選拔出來後，再送到欽天監考試。（《大明會典》卷二二三：「凡天下府州縣舉到陰陽人堪任正術等官者，俱從吏部送（欽天監），考中，送回選用；不中者發回原籍為民，原保官吏治罪。」）清代大致沿用明制，凡陰陽術數之流，悉歸中央欽天監及地方陰陽官員管理、培訓、認證。至今尚有「紹興府陰陽印」、「東光縣陰陽學記」等明代銅印，及某某縣某某之清代陰陽執照等傳世。

清代欽天監漏刻科對官員要求甚為嚴格。《大清會典》「國子監」規定：「凡算學之教，設肄業生。滿洲十有二人，蒙古、漢軍各六人，於各旗官學內考取。漢十有二人，於舉人、貢監生童內考取。」學生在官學肄業、貢監生肄業或考得舉人後，經過了五年對天文、算法、陰陽學的學習，其中精通陰陽術數者，會送往漏刻科。而在欽天監供職的官員，《大清會典則例》「欽天監」規定：「本監官生三年考核一次，術業精通者，保題升用。不及者，停其升轉，再加學習。如能黽

勉供職，即予開復。仍不及者，降職一等，再令學習三年，能習熟者，准予開復，仍不能者，黜退。」

除定期考核以定其升用降職外，《大清律例》中對陰陽術士不準確的推斷（妄言禍福）是要治罪的。《大清律例・一七八・術七・妄言禍福》：「凡陰陽術士，不許於大小文武官員之家妄言禍福，違者杖一百。其依經推算星命卜課，不在禁限。」大小文武官員延請的陰陽術士，自然是以欽天監漏刻科官員或地方陰陽官員為主。

官方陰陽學制度也影響鄰國如朝鮮、日本、越南等地，一直到了民國時期，鄰國仍然沿用着我國的多種術數。而我國的漢族術數，在古代甚至影響遍及西夏、突厥、吐蕃、阿拉伯、印度、東南亞諸國。

術數研究

術數在我國古代社會雖然影響深遠，「是傳統中國理念中的一門科學，從傳統的陰陽、五行、九宮、八卦、河圖、洛書等觀念作大自然的研究。……傳統中國的天文學、數學、煉丹術等，要到上世紀中葉始受世界學者肯定。可是，術數還未受到應得的注意。術數在傳統中國科技史、思想史，文化史、社會史，甚至軍事史都有一定的影響。……更進一步了解術數，我們將更能了解中國歷史的全貌。」（何丙郁《術數、天文與醫學中國科技史的新視野》，香港城市大學中國文化中心。）

可是術數至今一直不受正統學界所重視，加上術家藏秘自珍，又揚言天機不可洩漏，「（術數）乃吾國科學與哲學融貫而成一種學說，數千年來傳衍嬗變，或隱或現，全賴一二有心人為之繼續維繫，賴以不絕，其中確有學術上研究之價值，非徒癡人說夢，荒誕不經之謂也。其所以至今不能在科學中成立一種地位者，實有數因。蓋古代士大夫階級目醫卜星相為九流之學，多恥道之；而發明諸大師又故為恍迷離之辭，以待後人探索；間有一二賢者有所發明，亦秘莫如深，既恐洩天地之秘，復恐譏為旁門左道，始終不肯公開研究，成立一有系統說明之書籍，貽之後世。故居今日而欲研究此種學術，實一極困難之事。」（民國徐樂吾《子平真詮評註》，方重審序）

心一堂術數古籍珍本叢刊

現存的術數古籍，除極少數是唐、宋、元的版本外，絕大多數是明、清兩代的版本。其內容也主要是明、清兩代流行的術數，唐宋或以前的術數及其書籍，大部分均已失傳，只能從史料記載、出土文獻、敦煌遺書中稍窺一鱗半爪。

術數版本

坊間術數古籍版本，大多是晚清書坊之翻刻本及民國書賈之重排本，其中豕亥魚魯，或任意增刪，往往文意全非，以至不能卒讀。現今不論是術數愛好者，還是民俗、史學、社會、文化、版本等學術研究者，要想得一常見術數書籍的善本、原版，已經非常困難，更遑論如稿本、鈔本、孤本等珍稀版本。

在文獻不足及缺乏善本的情況下，要想對術數的源流、理法、及其影響，作全面深入的研究，幾不可能。

有見及此，本叢刊編校小組經多年努力及多方協助，在海內外搜羅了二十世紀六十年代以前漢文為主的術數類善本、珍本、鈔本、孤本、稿本、批校本等數百種，精選出其中最佳版本，分別輯入兩個系列：

一、心一堂術數古籍珍本叢刊
二、心一堂術數古籍整理叢刊

前者以最新數碼（數位）技術清理、修復珍本原本的版面，更正明顯的錯訛，部分善本更以原色彩色精印，務求更勝原本。并以每百多種珍本、一百二十冊為一輯，分輯出版，以饗讀者。

後者延請、稿約有關專家、學者，以善本、珍本等作底本，參以其他版本，古籍進行審定、校勘、注釋，務求打造一最善版本，方便現代人閱讀、理解、研究等之用。

限於編校小組的水平，版本選擇及考證、文字修正、提要內容等方面，恐有疏漏及舛誤之處，懇請方家不吝指正。

心一堂術數古籍　珍本　叢刊編校小組

二零零九年七月序
二零一四年九月第三次修訂

八

共計捌冊

地理辨正卷一至卷四止

青囊裹經補註

地理辨正錄要合璧

續解悉遵原刊 雲路湘

己巳春朱壽朋題

地理合璧題詞

聖賢大道此為首端救濟良策修齊偉觀

兩間造化二氣旋盤潛心研究祕法聿完

此道通曉物阜民安邦家之光美哉斯刊

戊辰冬至紫雯撰句　朱壽朋書

地理合璧緣起

夫易著陰陽書傳洪範鑰乾坤之祕闡象數之微於

是八卦九宮無極太極精邃理學由此權輿是則堪

輿一道雖屬形家一流實有合於聖人之道而無逸

出數理之外者也中庸曰天命之謂性率性之謂道

修道之謂教道也者不可須臾離也可離非道大學

亦著明修身齊家治國平天下之要道而其精一危

微之旨無不與堪輿之學符合胚胎肇造豈不信而

有徵哉余於弱冠時識朱瑞芳於邑廟西房瑞芳好

壬奇星相堪輿之學時相顧從偕游四郊所談者無

非五行生尅陰陽變化之要當時意謂類似江湖之

技初不甚重亦不非其所學惟余家祖墓皆經瑞芳

指點遷改余生不逢辰頻經兵燹祖業蕩然幾難度

日自祖墓修改後方能自食其力積筆墨餘資走京

師備員待詔未幾遜位余年踰大衍不復出爾時

感觸憂患繼以貧病自審年將就木與世無爭矣孰

知祖墓畫入新租界勒逼遷讓切身關係不得不起

而力爭外人幾將馴伏無如漢奸衆多獻媚勾串欺

地理合璧　卷首　緣起

驅威脅無所不用其極或謂子存墓可保奈春秋已

高何與其日後難免不如擇善而從或謂余自修改

祖墓後漸入佳境逮蘭路一築坎坷立見旁觀者清

見到名言頓開茅塞於是改計覓地遷讓蓋地理形

局余雖略有所知至於三元九氣顛倒生旺迎候之

法則茫然莫解歷聘時師大都俗術其恃瑞芳已歿

有門下士卅年老友性祕執迷自衒其術幾為所誤

嗟乎求人不易有如是哉四顧彷徨心焉志忑舍求

書無他法奈坊間重時務屢詢莫應乃俯就於攤舖

地理合璧　卷首

五六年間得書二十餘種偽法居多空言不少及得
地理辨正溫氏續解又參以地理錄要字字珠璣言
多中肯間有難以解明之際遠游蘇杭謁岳陵登天
平轉虞山涉本邑之金鉤釣穴皆名墓也以實地徵
書理始悟堪輿一道實根本於河圖洛書又如太王
遷爾相其陰陽觀其流泉聖賢大道此爲首端自泰
火失傳至管郭楊曾復有著述一行禪師恐施及蠻
貊故作滅蠻經以誤之中國偽法之多實由於此詎
知一行欲誤外國今觀泰東西各國新建築無不悉

地理合璧　卷首　緣起

合堪輿古道而我中國新人物反以聖賢正道一概
指為迷信誠所謂自誤誤人拾人唾餘奉為至寶不
加辨別能不羞乎可不悲哉余嘗一再考求宋儒程
朱各家雖乏專集然在性理書中不少卓見元明則
無聞焉降及鄉先儒蔣大鴻以天挺之姿應時糾正
絕學濟世積四十年學問闡發精微作地理辨正字
斟句酌玄妙簡賅特恐閱者不易明瞭又益之以天
元五歌並天元餘義歸厚錄等殫場智能蔚然成濟
世艮具嗣有章仲山著直解溫明遠申續解于蘭林

廣蒐輯成地理錄要之三子者一脉相承參加輔佐

反覆發揮暢為宣布使千古正道復顯於世不為偽

法混淆誠大有功於有感皆應之孝子順孫矣管子

曰道也者小取焉則小得福大取焉則大得福余於

道實未深得然自辛酉年祖墓再遷後積年絕症日

漸輕減今古稀有三病勢十去八九謂非小得而何

爰將獲益之地理辨正溫氏續解地理錄要二書合

璧排印方免顧此失彼俾廣流傳為顧當世憂時

君子取而法之世變亟矣浩劫開矣救世艮策未必

地理合璧　卷首　緣起

不在乎此世多孝子順孫即有盜賊亦必潛移默化

君子道長小人道消大易之說不余欺也爰作題詞

冠諸卷首時著雍執徐歲冬至日丙申上海朱之翰

紫君氏謹述

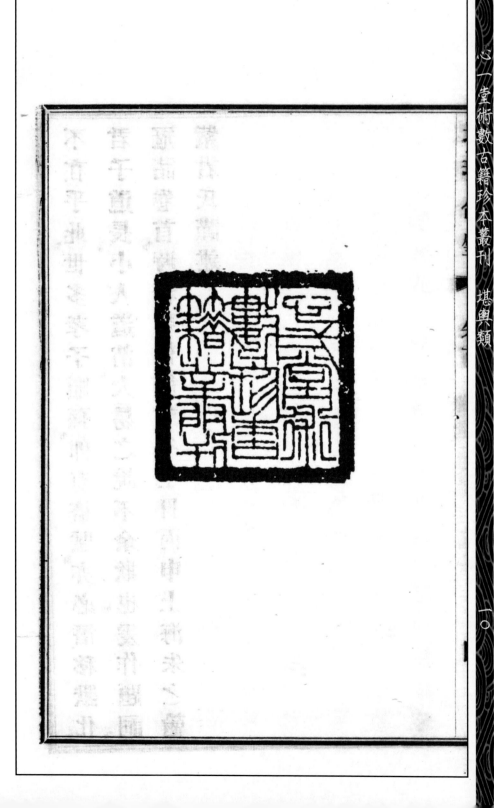

華亭縣志列傳

蔣平階字大鴻居張澤爾揚猶子嘉善籍諸生
崇禎間在幾社有聲乙酉七去赴閩唐王授兵
部司務晉御史劾鄭芝龍跋扈人咸壯之閩破
服黃冠亡命假青烏術游齊魯轉徙吳越樂會
稽山水遂止焉牽遺命葬若耶之樵風涇平階
少從陳子龍游詩文詳贍典麗凡天文地理陰
陽歷數諸書洞究無遺尤諳兵法時遇權閹未

展所學晚益精堪輿康熙間有欲以博學鴻詞

薦者大鴻亟止之好談幾社軼事感慨跌蕩涕

淚隨之聞者哀其志焉　參宋府志夏內　史集蔣氏族譜

藝文

地理辨正注　水龍經五卷　八極神樞注一

卷　歸厚錄　玉函眞義五篇　府志　又名天元歌並宋案醒心篇

一卷在內　古鏡歌　東林始末一卷　目並宋府志　四庫全書存

蔣平階著　之翰案醒心篇卽天元餘義八極

神樞或卽選擇用之烏兔經

地理辨正原序

蔣平階撰

通三才之道曰儒、故天官地理皆學士家窮理之本
業、而象緯之學正三統測災祥、屬有國家者之事獨
地理爲養生送死生民日用所急孝子慈孫尤不可
以不謹、宋儒朱蔡諸賢間有發明見於性理書中者
班班可考顧僅能敷陳梗概而未究其精微或者進
而求之通都所布管郭諸書雖其言鑿鑿而去之逾
遠、斯其爲道顯而隱誠所謂間世一出非人不傳者

耶、余少失恃壯失怙先大父安溪公早以形家之書
孜孜手授久而後知俗學之非也思窮徑絕乃得無
極子之傳於游方之外習其所傳又十年所於是遠
溯黃石青鳥近考青田幕講彼其言蓋人人殊而厭
旨則一且視天下山川土壤雖大荒內外亦如一也
其庶乎地學之正宗在是輒欲舉其說以告學者又
不容顯言無己則取當世相傳之書訂其紕繆而析
其是非使言之者無罪而聞之者有所懲戒而不至
於亂辨正之書所以作也夫地學之有書始於黃石

盛於楊公而世所惑溺而不可卒解者則莫甚於玉

尺故論斷諸書彙爲一編其爼豆之與爰書皆以云

救也于姜諸子聞業日久經史之眼旁及此編豈好

事哉我得此道以釋憾於我親從我游者皆有親也

姜氏習是編而遽梓之以公世其又爲天下後世之

有親者加之意歟允哉儒者之用心也巳

辨僞原文

僕弱冠失恃先大父安溪公命習地理之學求之十
年而始得其傳乃以所傳徧證之大江南北古今名
墓又十年而始會其旨從此益精求之又十年而始
窮其變而我年則已老矣姚水親隴告成生平學地
之志已畢自此不復措意夫豈不欲傳不其人然天
律有禁不得妄傳苟非忠信廉潔之人未許與聞一
二也丹陽張孝廉仲馨丹徒駱孝廉士鵬山陰呂文
學相烈會稽姜公子垚武陵胡公子泰徵淄川畢解

莊蒙所謂糟粕、必求其精微、則亦不在此也、此外別

正一書昌言救世、後復自言所得作天元五歌、然皆

事貴在心傳、非可言罄、古書充棟半屬偽造、故有辨

傳眞道則未敢許也、至於僕之得傳有訣無書以此

下、走四方求衣食者、僕初未嘗不憐之、然欲冒禁而

其口不漏片言、庶幾不負僕之講求爾、若夫中人以

蓋求其道以庇本根、非挾其術以爲壟斷、故能三緘

子、或丹穴鳳雛或靑春鶊薦、皆自置甚高不可一世

元世持昔以文章行業相師、因得略聞梗概此諸君

無秘本私爲一家之書近聞三吳兩浙都有自稱得

僕眞傳以自衒鬻者亦有自撰僞書指爲僕之秘本

以瞽惑後學者天地之大何所不容但恐僞託之人

心術鮮正以不正之術謀人身家必誤人之身家以

不正之書傳之後世必貽禍於後世僕不忍不辨惟

有識者察之

華亭蔣平階大鴻氏敬告

地理合璧　卷首

序

地理之學、理氣巒頭二者不可闕一、舍巒頭、專言理

氣、則易涉渺茫、舍理氣、第講巒頭、則難窺奧荄理氣

無形領悟已深、必驗之、巒頭庶所見皆眞、此理氣與巒頭

游歷既久、必証以理氣、庶所學有據、巒頭有形

相因而成、有氣卽有形、亦卽有氣、內外兼分、而

體用必合者也、予於地書、亦喜披覽輒見今之理地

學者非失理氣、空摩局勢卒幷砂水之不明、卽薄巒

頭、高語元空、宪屬道途之莫辨、或粗有門徑、一知半

地理合璧　卷首　續解馬序

解、即下筆著書、洋洋數千言、儼若氣形變化、或散或
止、洞見本原、而細尋其論說、支離穿鑿、毫無精義、間
有一二可錄、皆前人之糟粕焉、且有工於傅會私為
僞託、若深得祕密、以求取信於人者、其滋惑愈甚、而
地學亦逐卑不足道、嗚呼、蔣氏辨正之作、非有不得
已者乎、先哲論理氣固極透闢、而金龍之動靜來龍
之血脈指點清晰、安見其偏重理氣也、蔣氏積二十
年之讀書登山、始出巳見以立言、表前賢之微、正後
學之軌、其用意可謂愼矣、獨惜傳註精審、而於天機

地理合璧　卷一　讀解馬予

元渺之蘊、每每隱而不發、發而不盡、致使學者苦思
力索、廢寢忘殄、而莫得其眞諦、章解姜註亦均奧衍、
未盡宣洩、後又有張子綺石爲之箋、疏略而不詳、不
足增學人之慧悟、余老懶自慚荒落太甚、青囊奧語、
常潛心研究、惟積思艮多、暈眩輒作、卽爲釋手、偶有
所得、又未敢自信、蓄疑待辨、急欲索一解、人而無由
耳、丁酉春仲、予友溫君明遠、出自著地書示予、予讀
其書、則知其爲發明蔣氏辨正之書而作也、細譯再
四。無義不晰、無語不暢、凡八卦九宮元空五行流動

變化、順逆錯綜顛倒之法、一一推闡盡致學者得此

開卷了然、從天運無形之氣求龍穴砂水之所在後

指龍穴砂水之處悟天運無形之眞機消息自通取

用自合不致有多岐之歎予於此益服明遠討論之

深、領會之神親歷之遍、訪道之殷而克有此至精且

審之論也朱氏序張綺石辨正疏謂

國朝藝術之學超越前代者二家醫則吳江徐泗溪

相墓宅則華亭蔣大鴻今予究心醫理近六十年敢

自比於泗溪而盡泗溪之能事乎予將對明遠而生

愧焉爾光緒二十三年歲次丁酉三月孟河退叟馬

文植培之甫序於錫山南之怡雲室。

地理合璧　卷首　　續解溫自序

地理辨正續解自序

夫地理者理也余留心地理閱二十餘年巒頭諸書
靡不畢覽而言龍之貴賤穴之真偽砂之向背水之
蓄泄若僅揣摩書意圖形而不親歷山川心領神會
斷不能入其窔奧至理氣一法諸家聚訟實無義理
迨雲間蔣大鴻先生辨正之書出始知地理之學理
氣較巒頭尤重所謂地之成形其氣則本乎天也是
書秘義雖經蔣公辨其正章君解其意仍屬半吞半
吐未盡宣泄令讀者至此不審瞽者捫燭倀倀何之

余究心此學若忘飢渴凡同志好學之友無論相識
未面莫不過訪然皆似是而非同邑高君述夫張君
雲瞻孫君帶棠王君少泉契好最久問道亦殷而雲
瞻推算象緯尤精光緒壬午之冬因事至蘇有陸君
子雲邂逅於金閶旅邸靜夜無聊一與傾談引為知
已即出秘藏心法註解示之討論辨難爲時匝月稔
知元空大卦五行之法的是河洛眞機凡心傳口授
諸訣詳註各編其中秘義洞若觀火繩諸推已及人
宜出公諸同好乃以天機秘密不敢筆之於書又以

一言立曉、而導學者之易致嗜學之士思窮徑絕非
故難之也、一恐學者得訣太易忽於考究一恐授以
死法貽害後學仍蹈玉尺之偽是惟教射志彀一取
乎精而學者考究之功不可因已得訣而遽忽之耳
然余續解是書法有盡而理無窮亦爲初讀辨正莊
無頭緒者而設以故不憚有禁將此心傳口訣逐節
發明大暢厥旨爲後學津梁或章解已經洞豁畧而
不贅或蔣傳姜註文義深奧詳加闡發敢訾言者謂
譚惟求學者了了自是傳心之法可由升堂入室傳

眼之道仍要重勞足跡領畧山川變態之移步換形

再將形理氣數之體用參合庶幾登山涉水指凶示

吉庶免目迷五色也否則仍蹈誤人自誤之咎此書

諸編讀者輒指爲偏重水法而時俗不知山水分用

以山法下求乎水其實形氣並講山法諸要之而亦寓乎

其中無怪世之言龍穴砂水者皆以形體謂之而不

知理氣中亦有龍穴砂水存焉其深文祕義盡藏乎

斯所以理氣較巒頭爲尤重知其奧者思過半矣蔣

傳章解先哲遺範不敢刪易五歌祕旨詞顯易明毋

庸再闡管見續解驥尾附後聊爲學者之暗室明燈

凡我同志好學精斯道者勿哂以妄而匡予不逮也

幸甚

光緒二十三年歲次丁酉春仲之吉錫山溫榮鑑明

遠甫序於頌桂軒之南窻

自敍

大元空五行之法始於晉盛於唐一時著書立說者

類足為言理言氣之祖自宋以降其法稍稍失傳於

是諸法雜出各持一說以為求食之藉而偽者日益

盛眞者日益失矣惟

國初蔣大鴻先生獨得無極眞傳將世俗諸書辨是

非定眞偽成地理辨正一書自此書出而天玉青囊

之奧錯綜變化之機陰陽動靜之理向之失傳已經

六七百年由先生一朝大聲疾呼發聾振聵說掃百

即無極子和尚

地理合璧　卷首　直解章自序

家而道濟一世豈非參天地關盛衰大有功於生民
者乎無何一法始出百弊叢生今去先生未久而著
書立說者又幾於汗牛而充棟矣彼其說之牽逞胸
臆而顯與先生背者無論卽或有奉先生之教取先
生之書句疏字櫛張皇補苴行且自謝爲功臣爲諍
子矣乃究其說之所以然與先生書不啻毫釐千里
之謬於戲百年之近已錯亂至此愚恐愈久而愈差
也不揣固陋杜撰直解不求字句之工但期學者之
易曉耳然終望博雅君子愛我者幸教我以不逮焉

道光元年仲春之朔無心道人識於千墨菴

無錫立旱仲山

地理合璧

卷自

直解章自序

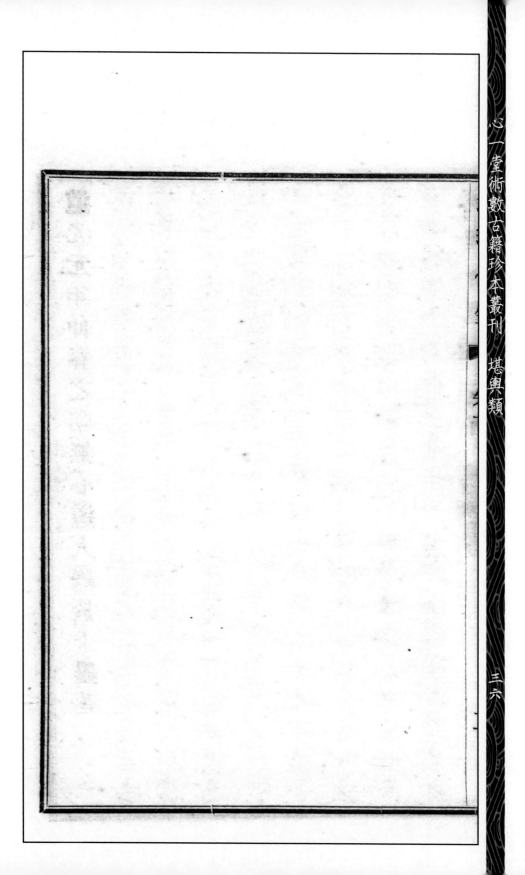

管輅
郭景純璞
楊筠松
曾求己
劉伯溫青田
慕講和尚

跋

蔣大鴻先生辨正一書闡河洛之奧陰陽消長錯綜
變化之機明且暢矣上考管郭楊曾降及青田幕講
道同一貫實地學理氣之正宗雖間有隱而未發之
詞而天玉青囊之所以然則又瞭如指掌無何百餘
年來讀者猶昧其解是其所是非其所非師師相傳
口口相授而辨正之旨反日益晦嗟乎不善讀青囊
天玉寶照諸書而誤會其用者皆楊曾之罪人也不
善讀辨正一書而妄謂得傳以自誤而誤人者又蔣

地理合璧　卷首　直解李歙

公之罪人也無錫章君仲山獨悟眞詮熟推生尅制

化之用吉凶消長之理神明其道于大江南北已三

十年爰依辨正引伸其說成直解若干卷自號曰無

心道人殆深有得天地造化之所以然而于元空之

秘則幾乎洩矣一時交好吳巢松太史單健堂司馬

輩皆慫恿付梓以公諸世則是書之出又大有功于

地理之學亦猶蔣公辨僞諸篇不憚辭費以捄世之

深心也余與訂交已久頃來相遇維揚適貝君簡香

陳君陶生柯君遠峯自吳門爲校刊竣快先得讀

用附數言于後俾當世欲聞斯道者知所取信云時

道光元年辛巳四月旣望武進李述來紹仔甫跋于

邗江寓館

地理合璧　卷一　直解李跋

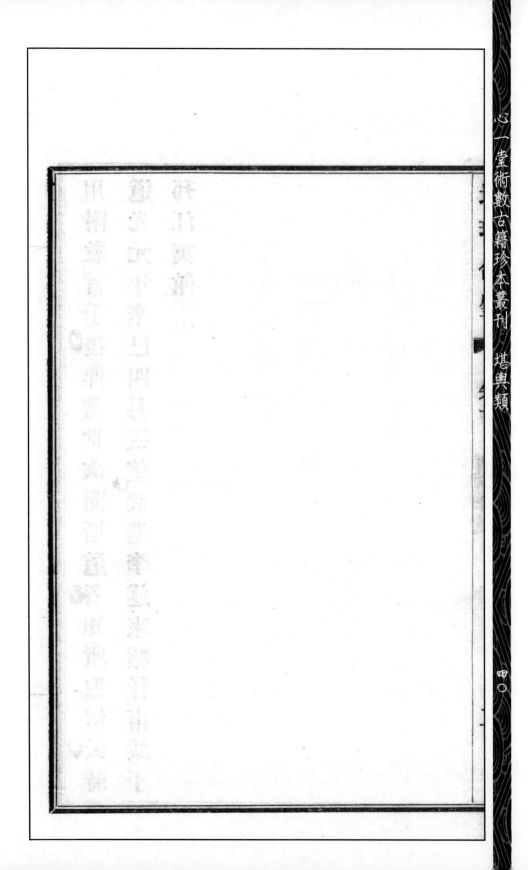

卷之八

七政造命法　　　選擇摘要

造命集要附圖例　選時斗杓

造命歌　　　　　渾天寶鑑

附陽宅得一錄

地理合璧辨正卷之一

雲間蔣氏平階補傳　無心道人增補直解

門人會稽姜垚辨正　錫山溫榮鑑明遠甫續解

上海朱之翰紫君甫校印

青囊經

原本作黃石公授赤松子述義

上卷　古文作堪輿篇郭氏作氣感篇邱氏作理原論今具創之

經曰天尊地卑陽奇陰耦一六共宗二七同道三八為朋四九為友五十同途闔闢奇偶五兆生成流行終始八體宏布子母分施天地定位山澤通氣雷風

陰育陽天依形地附氣此之謂化始

生於陰柔生於剛陰德宏濟陽德順昌是故陽本陰

七居旁二八四六縱橫紀綱陽以相陰陰以含陽陽

相薄水火不相射中五立極臨制四方背一面九三

傳曰此篇以無形之氣為天地之始而推原道之

所從來也夫陽氣屬天而實兆於地之中聖人作

易以明天地之道皆言陰陽之互為其根者而已

天高而尊地下而卑然尊者有下濟之德卑者有

上行之義一陰一陽一奇一耦其數參伍所以齊

一其形對待所以往來天地之匡廓由此而成四
時之代謝由此而運萬物之化育由此而胚夫此
陰陽奇耦之道隨舉一物無不有之天地無心聖
人無意自然流露而顯其象於河圖遂有一六共
宗二七同道三八爲朋四九爲友五十同途之象
聖人因其象而求其義以奇者屬陽而有天一天
三天五天七天九之名以耦者屬陰而有地二地
四地六地八地十之名而有一必有二有三必有
四有五必有六有七必有八有九必有十所謂參

伍之數也此一彼二此三彼四此五彼六此七彼

八此九彼十所謂對待之形也天數與地數各得

其五此謂一成之數而百千萬億無窮之數由此

而推也天數地數各得其五合二五而成十蓋有

五卽有十猶有一卽有二陰陽自然之道也故有

天之一卽有地之六有地之二卽有天之七有天

之三卽有地之八有地之四卽有天之九有天之

五卽有地之十此陰陽之數以參伍而齊一者也

易曰五位相得蓋此謂也而一六在下則二七必

地理合璧　卷一　青囊經補注

在上三八在左則四九必在右五居中則十亦居
中此陰陽之數對待而往來者也易曰五位相得
而各有合蓋謂此也以其參伍而齊一故一奇一
耦燦然而不棼以其對待而往來故奇耦之間一
闢一闔潛然而自應此也生成之所從出也天一生
水而地六成之地二生火而天七成之天三生木
而地八成之地四生金而天九成之天五生土而
地十成之一成皆陰陽交媾之妙二氣相交
而五行兆焉降於九天之上升於九地之下周流

六虛無有休息始而終終而復始無一息不流行則無一息不交媾當其無而其體渾然已成當其有而其體秩然有象聖人因河圖之象數而卦體立焉夫河圖止有四象而卦成八體者何也蓋一畫成爻爻者交也太始之氣止有一陽○是名太陽一太陽一爻而成太陰一是曰兩儀太陰太陽再爻而成少陰二少陽二幷太陰二太陽二是曰四象此河圖之顯象也四象三爻而成八卦三曰乾三曰兌三曰離三曰震三曰巽三曰坎三曰艮

三曰坤蓋卽河圖每方二數析之則有八此河圖
之象隱而顯者也故卦之八由於四象爻之三由
於三爻乾坤二卦爲母六卦爲子此八卦之子母
也諸卦自爲母三爻爲子此一卦之子母也以此
分施造化布滿宇宙之間於是舉陽之乾爲天對
以陰之坤爲地謂之天地定位天覆於上則地載
於下也此陰陽之一交而成天地者也舉陽之艮
爲山對以陰之兌爲澤謂之山澤通氣山載於下
則澤受於上也舉陽之震爲雷對以陰之巽爲風

謂之雷風相薄雷發於下則風動於上也擧陽之
坎爲水對以陰之離爲火謂之水火不相射水火
平衡形常相隔而情常相親也此三陰三陽之各
自爲交而生萬物者也先賢以此爲先天之卦伏
羲所定本於龍馬負圖而作寔則混沌初分天地
開闢之象也四象虛中而成五位此中五者卽四
象之交氣乾之眞陽坤之眞陰皆無形而惟土有
形此土之下爲黃泉皆坤地積陰之氣此土之上
爲淸虛皆乾天積陽之氣而土膚之際平鋪如掌

乃至陰至陽乾坤交媾之處水火風雷山澤諸凡

天地之化機皆露於此故中五者八卦託體儲精。

成形顯用之所也故河圖雖書同此中五以立極。

也河圖雖有四象而先天陽升陰降上下初分未。

可謂之四方自中五立極而後四極劃然各正其。

方矣有四方之正位而四維介於是其間於是八方。

立焉統中五皇極而爲九分而布之一起正北二。

居西南三居正東四居東南五復居中六居西北。

七居正西八居東北九居正南謂之九疇此雖出。

於維書而實與河圖之數符合天地之理自然發

現無不同也布其位曰戴九履一左三右七二四

為肩六八為足其八方之位適與八方之數均齊

聖人卽以八卦隸之而次其序曰坎一坤二震三

巽四中五乾六兌七艮八離九此則四正四維不

易之定位也數雖起一而用實首震蓋成位之後

少陽用事先天主天而後天主日元子繼體代父

為政也易曰帝出乎震齊乎巽相見乎離致役乎

坤說言乎兌戰乎乾勞乎坎成言乎艮一二三四

五六七八九者古今之禪代推移周而復始者也

震巽離坤兌乾坎艮者日月之出沒四時之氣機

運行遷謝循環無端者也先賢以此為後天之卦

昔者大禹治水神龜出雒文王因之作後天之卦

豈伏羲畫卦之時未有雒書而大禹演疇之時未

有後天卦位耶竊以為圖書必出於一時而先天

後天卦位亦定於一日伏羲但有卦爻而文王始

繫之辭耳河圖雒書非有二數先天後天非有二

義也特先天之卦以陰陽之對待者言有彼此而

無方隅後天之卦以陰陽之流行者言則有方隅

矣至其作卦之旨要在於陰陽之互根則一也夫

易之道貴陽賤陰則陽當爲主而陰當爲輔而此

云陽以相陰者何也蓋陽之妙不在於陽而在於

陰陰中之陽乃眞陽也故陰爲之感而陽來應之

似乎陰反爲君而陽反爲相此經言神明之旨也

然陽之所以來應乎陰者以陰中本自有之以類

相從故來應耳豈非陰含陽乎陰含陽則能生陽

矣一切發生之氣皆陽司之則皆陰出之者也剛

柔卽陰陽。陰陽以氣言。剛柔以質言。易曰。乾剛坤
柔。又曰。剛柔相摩。八卦相盪。八卦之中皆有陰陽。
則皆有剛柔。若以陽爲剛。以陰爲柔。則宜乎剛生
於柔矣。而乃云柔生於剛者何也。無形之氣。陽剛
而陰柔。有形之質。陰剛而陽柔。於有形之剛質。又
生無形之柔氣。質生氣。氣還生質。故曰柔生於剛
也。凡其所以能爲相助。能爲包含生生不息如是
者。則以陰之與陽。蓋自有其德也。惟陰之德能宏
大。夫陽以濟陽之施。故陽之德能親順夫陰以昌

青囊經補生

陰之化此陰陽之妙以氣相感見於河圖雒書先

後天之卦象者如是由是則可以知天地之道矣

天地之道陽常本於陰而陰常能育陽故天非廓

然空虛者為天也其氣常依於有形而無時不下

濟地非塊然不動者為地也其形常附於元氣而

無時不上升然則天之氣常在地中而地之氣皆

天之氣陰陽雖曰二氣止一氣耳所以生天生地

者此氣所以生萬物者此氣故曰化始也。

中卷書符郭氏作神契篇今削之

古文作天官篇邱氏作天元金

書符郭氏作神契篇今削之

經曰天有五星地有五行天分星宿地列山川氣行

於地形麗於天因形察氣以立人紀紫微天極太乙

之御君臨四正南面而治天市東宮少微西掖太微

南垣旁照四極四七為經五德為緯運斡坤輿垂光

乾紀七政樞機流通終始地德上載天光下臨陰用

陽朝陽用陰應陰陽相見福祿永貞陰陽相乘禍咎

踵門天之所臨地之所盛形止氣蓄萬物化生氣感

而應鬼福及人是故天有象地有形上下相須而成

一體此之謂化機

傳曰此篇以有形之象為天地之機而指示氣之

所從受也。上文既明河圖洛書先天後天八卦之

理。聖人作易之旨盡於此天地陰陽之道亦盡於

此矣。然聖人不自作易。其四象八卦皆仰法於天。

故此篇專指天象以為言夫易之八卦取象於地

之五行而地有五行實因天有五曜五曜凝精於

上而五行流氣於下。天之星宿五曜之分光列象

者也。地之山川五行之成形結撰者也。故山川非

列宿而常具列宿之形觀其形之所呈。即以知其

氣之所禀夫有是形御是氣物化自然初未及乎
人事而聖人仰觀俯察人紀從此立焉木為歲星
其方為東其令為春其德為仁火為熒惑其方為
南其令為夏其德為禮土為鎮星其方為中央其
令為季夏其德為信金為太白其方為西其令為
秋其德為義水為辰星其方為朔其令為冬其德
為智洪範九疇所謂敬用五事嚮用五福五紀八
政皇極庶徵皆自此出故聖人御世宰物一天地
之道也備言天體則有七政以司元化日月五星

是也。有四垣以鎮四方。紫微天市太微少微是也。

有二十八宿以分布周天。蒼龍七宿角亢氐房心

尾箕朱鳥七宿井鬼柳星張翼軫白虎七宿奎婁

胃昴畢觜參玄武七宿斗牛女虛危室壁是也。四

垣即四象。七政即陰陽五行之根本其樞在北斗

而分之四方爲二十八宿。故房虛昴星應日心危

畢張應月角斗奎井應歲星尾室觜翼應熒惑亢

牛婁鬼應太白箕壁參軫應辰星氐女胃柳應鎮

星臨制其方各一七政也。渾天周匝雖云四方而

地理合璧　卷一　青囊經補註

巳備八卦二十四爻之象矣非經無以立極非緯
無以嬗化一經一緯眞陰眞陽之交道也交道維
洛而後天之體環周而固於外地之體結束而安
於中此元氣之流行自然而成器者也其始無始
其終無終包羅六合入於無間雖名陰陽一氣而
巳人能得此一氣則生者可以善其生而死者可
以善其死地理之道蓋人紀之一端此端既立則
諸政以次應之故聖人重其事其用在地而必求
端於天本其氣之所自來也然氣不可見而形可

見不可見之氣卽寓於有可見之形形者氣之所

成而卽以載氣氣發於天而載之者地氣本屬陽

而載之者陰故有陰卽有陽地得其所則天氣歸

之天地無時不交會陰陽無時不相見相見而得

其冲和之正則為福德之門相見而不得其冲和

之正卽為相乘而名禍咎之根禍福殊塗所爭一

間艮足畏也且亦知星宿之所以麗於天山川之

所以列於地者乎天之氣無往不在而日得天之

陽精而恆為日月得天之陰精而恆為月五曜得

地理合壁　卷一　　青囊經補註

天五氣之精而恆為緯至於四垣二十八宿眾星
環列又得日月五星之精而恆為經此則在天之
有形者有以載天之氣也地之氣無往不在而山
得日月五星之氣而恆為山川得日月五星之氣
而恆為川此則在地之有形者有以載地之氣也
列宿得天之氣而生於天列宿與天為一體也山
川得地之氣而生於地山川與地為一體也萬物
之生於天地何獨不然夫萬物非能自生借天地
之氣以生然天地非有意於生萬物萬物自有機

張審括所謂化機也不然蓄之無門止之無術雖

而死魄生人氣脉灌輸亦無不一福應之來若機

氣既合而爲一則所葬之骨亦與天地之氣爲一

承天而天不我隔則地與天交而爲一夫天地形

我去則形與氣交而爲一必使我所據之地足以

爾地理之道必使我所取之形足以納氣而氣不

之氣止而不去積之累之與物爲一乃勃然以生

沾濡焉夫有所絪縕焉夫有所苞孕焉遂使天地

焉適與天地之氣相遇于窅冥恍惚之中夫有所

周天列宿炳耀中天。而我不蒙其照。雖大地陽和。

滂流八表。而我不沾其澤。天爲匡廓。地爲稾壤骨。

爲速朽。子孫爲寄生。我未見其獲福也。可不慎哉。

可不慎哉。

下卷　古文作叢辰篇

經曰無極而太極也。理寓於氣。氣囲於形。日月星宿

剛氣上騰。山川草木柔氣下凝。資陽以昌用陰以成。

陽德有象。陰德有位。地有四勢氣從八方外氣行形。

內氣止生乘風則散界水則止是故順五兆用八卦

排六甲布八門推五運定六氣明地德立人道因變

化原終始此之謂化成

傳曰此篇申言形氣雖殊而其理則一示人以因

形求氣為地理入用之準繩也易曰易有太極是

生兩儀太極者所謂象帝之先先天地生能生天

地萬化之祖根也本無有物無象無數無方隅無

往不在言太極則無極可知後賢立說慮學者以

太極為有物故申言以明之曰無極而太極也大

而天地細而萬物莫不各有太極物物一太極一

地理合璧　卷一　青囊經補注

物全具一天地之理人知太極物物皆具則地理
之道思過半矣理寓於氣氣一太極也氣圍於形
形一太極也以至日月星辰之剛氣上騰以剛中
有太極故能上騰山川草木之柔氣下凝以柔中
有太極故能下凝資陽以昌資之以太極也用陰
以成用之以太極也太極之所顯露者謂之象而
所宣布者謂之位地無四勢以太極乘之而命之
為四勢氣無八方以太極御之而命之為八方勢
與方者其象其氣而命之為勢為方者其極極豈

有定耶則勢與方亦豈有定耶四勢之中各自有
象則八方之中亦各自有氣然此諸方之氣皆流
行之氣因方成形只謂之外氣苟任其流行而無
止蓄則從八方而來者還從八方而去千山萬水
僅供耳目之翫如傳舍如過客總不足以瀜發靈
機滋荄元化必有爲之內氣者焉所謂內氣非內
所自有卽外來流行之氣於此乎止有此一止則
八方之行形者皆招攝翕聚乎此是一止而無所
不止於此而言太極乃爲眞太極矣無所不止則

陽無所不資陰無所不用而生生不息之道在其
中太極生兩儀兩儀生四象四象生八卦萬事萬
物胚服乎此前篇所謂形止氣蓄萬物化生蓋謂
此也然但言止而不申明所以止之義恐世之審
氣者茫然無所措手故舉氣之最大而流行無間
者曰風曰水夫風有氣而無形稟乎陽者也水有
形而兼有氣稟乎陰者也然風稟乎陽而陽中有
陰焉水稟乎陰而陰中有陽焉二者皆行氣之物
氣之陽者從風而行氣之陰者從水而行而行陽

青囊經補註

氣者反能散陽以陽中有陰也行陰氣者反能止

陽以陰中有陽也大塊之間何處無風何處無水

風原不能散氣所以噓之使散者病在乎乘水原

不能止氣所以吸之使止者妙在乎界苟能明乎

乘與界之為義審氣以定太極之法概可知矣上

文反覆推詳皆泛言形氣之理至是乃實指地理

之用於是總括其全焉順五兆以五星之正變審

象也用八卦以八方之衰旺審位也排六甲以六

甲之紀年審運也布八門以八風之開闔審氣也

地理之矩蒦。盡於此矣。推五運以五紀之盈虛審

歲也。定六氣以六氣之代謝審審令也。謹歲時以扶

地理之橐籥。盡於此矣。如是。則太極不失其正。而

地德可明。然聖人之明地德也。非徒邀福而已。蓋

地之五行得其順。則人之生也。五德備其全而五

常順其性。聖賢豪傑接踵而出。而禮樂政刑無不

就理。豈非人道自此立乎。然此亦陰陽變化自然

之妙。雖有智者不能以私意妄作。夫亦深知其所

以然。因之而已。夫卜地葬親。乃愼終之事。而子孫

此者也。謂之化成宜哉。

所以始然則斯道也者聖人開物成務無有大於

之世澤皆出其中則人道之所以終即為人道之

直解

上卷推原無形之氣為萬物生生之始中

卷因有形之象推測無形之氣一形一氣萬事

萬物不能逃其變化出其範圍此卷兼形兼氣

并兼理而言實指地理之用也斯理雖本洛書

實則變易不一錯綜無定隨氣運行隨時而在

者也苟非師師相授雖窮年皓首斷不能窺其

地理合璧　卷六　青囊經補注

溫氏續解

青囊三卷曰化始化機化成乃發

巔末讀者莫輕視而忽之、

河洛三才之秘、包括天地陰陽變化之理、至微

至精、第義理淵深、非有宿慧者、焉能領其意旨、

而地理之一端、有形之質皆陰也、無形之氣皆

陽也、理寓於氣、氣中有極、氣囿於形者、形

中有極也、其原悉由太極動靜之機、陰陽互為

其根、形氣相交於極也、苟能明乎天地陰陽之

變化、形氣相交之止蓄立極、招攝之八方元運

旺衰之得失五行生克之制化歲時占候之趨

避而智者思之則地理之道無餘蘊矣

地理合璧卷一終

周同纘子緒

王銓濟巨川　校字

沈爾晟景陽

青囊序

青囊奧語

露湘研究

地理辨正錄要合璧

續解悉遵原刊露湘

己巳春朱壽朋題

地理合璧題詞

聖賢大道此為首端救濟良策修齊偉觀

兩間造化二氣旋盤潛心研究祕法聿完

此道通曉物阜民安邦家之光美哉斯刊

戊辰冬至紫雯撰句　朱壽朋書

杜陵蔣平階大鴻補注　　　無心道人增補直解

門人臨安于鴻儀　　　　　錫山溫榮鑑明遠甫續解

會稽姜垚較正　　　　　　上海朱之翰紫君甫較勘

青囊序　唐曾求已公安甫著

楊公養老看雌雄天下諸書對不同。

雌雄者陰陽之別名乃不云陰陽而云雌雄者言

陰陽則陰陽自爲陰陽自爲陽疑乎對待之物互顯

其情者也。故善言陰陽者必言雌雄觀雌則不必

地理家稱地脈曰
龍神如其立意為
其變化無常。為
不可以跡求之也

更觀其雄、而知必有雄以應之。觀雄、則不必更觀
其雌、而知必有雌以配之。天地者、大雌雄也。山川
雌雄中之顯象者也。地有至陰之氣以招攝天之
陽精。天之陽氣日下交乎地。而無形可見。止見其
草木百穀春榮秋落。蛟龍虫豸。升騰蟄藏而已。故
聖人制婚姻男先乎女亦以陰之所在陽必求之。
山河大地其可見之形皆陰也。實有不可見之陽、
以應之。所謂雌雄者也。故地理家不曰地脈而曰
龍神。言變化無常不可以跡求者也。青囊經所謂

陽以求陰陰以含陽者此雌雄也。所謂陽本陰

育陽者此雌雄也。所謂陰用陽朝陽用陰應者此

雌雄也。所謂資陽以昌用陰以成者此雌雄也。楊

公得青囊之秘洞徹陰陽之理晚年其術益精以

此濟世即以此養生然其中秘密惟有看雌雄之

一法此外更無他法夫地理之書汗牛充棟獨此

一法不肯筆之於書先賢口口相傳間世一出蓋

自管郭以來古今知者不能幾人既非聰明智巧

可能推測又豈閱覽博物所得與聞會者一言立

地之有形可見者如
坐山或來龍在右砂
頭橫案來去水
皆謂之巒頭如天
之無形可見者如
氣如覺即俗平天氣
即謂之理氣如青
諸書皆言巒頭即
論砂水言之極詳
但論理氣如青
囊天玉寶照後人
論樞詳然世人

曉不知者累牘難明若欲向書卷中求之更河漢
矣故曰天下諸書對不同也曾公安親受楊公之
秘故其所言深切著明如此彼公安者豈欺我哉

直解　雌雄者陰陽交媾之情交媾者天地陰陽
化生萬物之氣也善言陰陽者必言交媾善言
交媾者必言雌雄如舍雌雄交媾而言陰言陽
則天不生地不成陰自為陰陽自為陽毫不相
涉者也世俗諸書但知有地而不知有天皆因
天之氣無形可見地之形有跡可尋耳善看雌

知之者鮮矣
非得明師口傳
心授一言立曉
若在書中研究
必從揣摸也但
理氣秘訣固天
律有禁示前賢
著書立說多
作穩謎不肯明
言因此後人莫
辭偽言雜出以
假亂真自誤
誤人可不慎哉
蔣湘白

地理合璧　卷十六　青囊序

雄者以有形可見之地測無形可見之天再以
無形可見之天合有形可見之地也夫所見者
在地而必求端乎天者何也本其氣之所自來
耳地有至陰之氣以招攝天之陽精天之陽氣
日下交乎地而無形可見只見草木百穀春榮
秋落蛟龍虫豸升騰蟄藏是氣不可見而形可
見也以不可見之氣即寓於有形可見之形因可
見之形即不可見之氣亦可見矣天依形地附
氣運行化育于冥冥之中不見而彰不動而變

批注地理合璧附玄空真訣（虛白廬藏民國活字印本）一

八三

無形而成卽楊公所謂看雌雄者也。

溫氏續解

雌雄卽陰陽陰陽卽動靜萬物之
動者爲陽靜者爲陰所以水之長流不定者爲
陽山之長靜不動者爲陰山之枝脚轉折頓跌
起伏卽爲靜中有動陰中有陽爲水之長流不
定中有瀦蓄凝聚卽爲動中有靜陽中有陰爲
地理入用之法言其體山龍要求生動水龍要
求凝聚言其用天之氣無形測無形之氣要從
變易洛書之九氣而中五爲天心立極陰陽交

（天卦地卦之名。八卦即地卦到。八卦即地卦到宮。順運星之名。名二十四山中含。即運星文名。八卦八方定位。）

地理合璧　卷二一　青囊序

媾之所運行八卦二十四山消長之氣如上元

一運坎龍當旺為尊居中立極順數坤二到乾

到坎一兌七到坤二艮八到震三離九到巽四

六震三到兌七巽四到艮八中五到離九乾六

依數順行九宮然後用何山向對待交媾於中

五看玄空之卦爻排到用何山向應順逆流

行八方將此陰陽交媾無形之氣流行於有形

地體山水之上生旺之氣要配在動處衰死之

氣配在靜處體用五行均要相生相合為吉相

克相反爲凶山川之變態不一天氣之流行亦
克相反爲凶山川之變態不一天氣之流行亦
無常以玄空運行無形之氣合變化不測移步
換形之地合而觀之無一同者故曰天下諸書
對不同也。

先看金龍動不動次　　血脉認來龍

此以下乃言看雌雄　　之法也金龍者氣之無形者

也、龍本非金而云金龍者、乃乾陽金氣之所生故

曰金龍動則屬陽靜則屬陰氣以動爲生以靜爲

死、生者可用死者不可用其動大者則大用之其

動、小者則小用之、此指金龍之消長言也、消長既
明、斯可辨其血脈血脈卽金龍之血脈、非龍而實
龍之所自來、所謂雌雄者也、觀血脈之所自來卽
知龍之所自來矣、察察其血脈之來自何方也、知
血脈之來自何方、卽可認龍之來自何方矣、此楊
公看雌雄之秘訣、而非世人倒杖步量之死格局
也、

直解 看、卽看無形之氣無形之氣化育萬物、千

俗註辰戌丑未四金惡煞爲金龍者非

上元一運　以一入中

坤　三个　二8生
乾
兌七　　巽
　　震
坎六　艮八　巽四長

離九將去少動為衰
坤二將來將動為長為生
坎一正來為動為旺為旺

地理合璧　卷二　　　　五

變無窮故名之曰金龍動不動者卽氣之盈虛
消長陰陽往來也察者卽察無形之氣消
與長也知氣之消與長卽可認金龍之得與失
矣得為動不得卽為不動非山行水曲之動不
動也。

温氏續解

乾為天屬金天之氣無形故曰金
龍動不動者如上元一運坎龍為動坤二為將
動未動離九為將去少動艮八為去久不動
者為旺將動為生將去為衰去久為死此卽旺

生為陽衰死為陰盈虛消長陰陽往來測無形
天運之氣也血脈者水也水從何方入口即氣
從何方來也而水中有氣焉水龍之立穴定向
須認氣從何方而進為入用之樞耳
龍分兩片陰陽取水對三义細認踪
兩片即雌雄陰在此則陽必在彼兩路相交也三
义即後城門界水合處必有三义細認踪即察血
脉以認來龍也知三义之在何方則知來龍之屬
何脉矣

右論運星生旺
衰死即盈虛消
長水從何方入
口即氣從何方
來也
注意
水龍云立穴定向
沙謂氣從何方而
進方入用之樞耳

民八爻不動為消為兄

空一片即天上九星流行云氣又曰理氣。實一片即地上有形之質如砂水等又曰富頭

俗註以兩片為左旋右旋以三义為生旺墓非

直解 山一片水一片空一片實一片來一片往

一片來有來之用法往有往之用法故云龍分

兩片陰陽取也空一片即天一片天運循環元

氣流行消長不一往來無定全憑心法趨其將

來避其已往來者為動為陽往者為靜為陰此

分空一片之兩片也實一片即地一片地有背

面生死起伏行止須憑眼力揀生棄死去背就

面面者為陽為生背者為陰為死此分實一片

坤二　兌七　乾六
離九　中五　坎一
巽四　　震三　艮八
中元五運五入中順數
排列連星與此相
洞五為旺氣與氣三
生氣四六為衰氣三
為兩死氣閱前一頁
生旺衰死便知

地理合璧　卷上　青囊序

之兩片也三爻即水口細認蹤者細認山上水

裡之玄空得與失也知得與失方知察血脉認

來龍之法矣

溫氏續解　兩片者乃洛書之九數分爲兩片

也順數一二三四爲一片逆數九八七六爲一

片天行氣地行形陰陽交媾均以兩片之數入

中順逆顛倒之用中五者爲陰陽對待交媾之

所入用之法皆在中五一九二八三七四六對

待交媾於中五所立山向亦即對待依數順逆

行去八卦二十四山周圍流行於外以象天中

五懸處於中內守以象地之形皆天之氣所

結有形之地其氣必本乎天之所自來細認三

父水口即知玄空無形之氣從三义水口而入

故曰龍分兩片水對三义也

江南龍來江北望江西龍去望江東

此所謂兩片也金龍本在江南而所望之氣脈反

在江北金龍本在江西而所望之氣脈反在江東

蓋以有形之陰質求無形之陽氣也楊公看雌雄

之法皆從空處爲眞龍故立其名曰大玄空雖云

兩片實一片也

俗註江南午丁未坤爲一卦江北子癸丑艮爲一卦共一父
母江西申庚酉辛戌乾亥壬爲一卦江東寅甲卯乙辰巽巳
丙爲一卦共一父母兩卦之中互相立向者非

直解　江南江北江東江西卽陰陽顚倒顚察血
脈認來龍之意上節雖云兩片實一片也金龍
之兩片卽已往將來一片蓋彼來則此往
此往則彼來有來自有往自有來來極則
往往極則來來卽往之始往卽來之源何來兩

坤二　離九　巽
四　中五　三　兌七
八　　九　　
　震三
　七　　五　　
　　九　　
艮八　坎一　乾六

指方位用
位為地盤即地卦
北坎一繫三係二傜三係定
三西兌七南離九
數流佈八方東震
和圖黑字數目順
洛書定位之九數
散佈八方為地卦

紅字數目為九星　黑字數目為九星
八卦定位順數
位順數
行逆

片耶

溫氏續解

江南龍來江北望江西龍去望江
東者其法即以中五逆數四至乾六三至兌七
二至艮八一至離九九至坎一八至坤二七至
震三六至巽四而其數逆行顛倒一至離九九
至坎一三至兌七七至震三豈非九至坎一即
南龍之氣反要在北望也七至震三西龍之氣
反要在東望也陰陽顛倒其實一逆數而已易
曰數往者順知來者逆不以定位之洛書九數

而要用玄空流行之數。故曰大玄空也。

是以聖人卜河洛瀍澗二水交華嵩相其陰陽觀流
泉卜年卜世宅都宮

此即周公卜洛之事以證地理之道惟在察血脈
認來龍也聖人作都不言華嵩之脉絡而言瀍澗
之相交則知所認之來龍認之以瀍澗也又引公
劉遷豳相陰陽觀流泉以合觀之見聖人作法千
古一揆也。

直解 上文所云察血脉認來龍對三義細認蹤。

者楊公恐人不信此訣特引聖人之相陰陽觀

流泉以證千古一法也

水使重於華嵩之地脉也地理趨避之道自古

有之實慎始慎終之大學也

晉世景純傳此術演經立義出玄空朱雀發源生旺

此自古聖人亦信重斯道灑淪之

氣一一講說開愚蒙

推原玄空大卦不始於楊公蓋郭景純先得青囊

之秘演而立之直追周公制作之精意者也乃其

義不過欲朱雀發源得生旺之氣耳來源既得生

旺卽是來龍生旺而諸福坐致矣來源若非生旺

則來龍亦非生旺而禍不旋踵矣景純當日以此

開喻愚蒙其如愚蒙之領會者少也

俗註龍取生旺之氣於穴中水取生旺之氣於穴前又指氣

之生旺爲長生帝旺墓庫合三叉者非

直解　上二句推原挨星之法所自來下二句詳

言向首一星之妙用。

溫氏續解　朱雀發源生旺氣說出大玄空之

法惟以向為重要向首之一星得時乘旺穴內
既受生旺之氣再兼玄空挨排到水口三義來
龍之氣生旺可諸福坐致矣蓋向者即天陽之
氣也。

一生二兮二生三三生萬物是玄關山管山兮水管
水。此是陰陽不待言
陰陽之妙用始於一有一爻即有三爻有一卦即
有三卦故曰一生二二生三此乃天地之玄關萬
物生生之橐籥也又恐人認山水為一而不知辨

別故言山之玄關自管山而水之玄關自管水不

相混雜蓋山有山之陰陽而水有水之陰陽爾通

乎此義則世之言龍穴砂水者眞未夢見矣

俗註生旺墓三合爲玄關者非

平

【直解】一極於三三極於九故數始于一而終于

九也蓋天所覆地所載萬事萬物不外乎此是

謂玄關山管山永管水者山有山之陰陽五行

推其順逆生死水有水之陰陽五行推其順逆

生死蓋山自爲山永自爲水故云陰陽不待言

甲庚壬丙 爻神
辰戌丑未 地元 子息爻
子午卯酉 中氣 天元
乾坤艮巽 八父母
寅申巳亥 人元 爻神
乙辛丁癸 子息爻

也。

溫氏續解 有一卦即有三卦者以二十四山
之卦爻分爲三卦也子午卯酉與乾坤艮巽爲
卦之中氣配天元一卦寅申巳亥與乙辛丁癸
爲卦之爻神配人元一卦丑未辰戌與甲庚壬
丙亦爲卦之爻神配地元一卦此卦爻配天地
人之三卦即上中下三元也玄空流行數之三
卦一四七爲三元首運之數二五八爲三元中
運之數三六九爲三元末運之數此洛書九數。

地上有形可見之
體世之言龍穴
砂水者人人知
之

天上無形不能見
之氣亦有龍
穴砂水者非得
明師口傳心授
秘訣縱讀下列
之解說亦恐難
知何則者不知
挨星之訣焉知
龍穴水之奧妙

※※龍穴砂水

配卦爻天地人之三卦亦即上中下三元也卦

爻經四位數亦經四位兩相配合爲三元九運

之作用也經四位而起父母之法發明於天玉

首章世之言龍穴砂水者皆以有形可見之體。

人人知之。而不知玄空無形之氣。亦有龍穴砂

水在爲天運流行變化陰陽豈非龍乎中五立

極招攝八方豈非穴乎扶持向首左右乘旺豈

非砂乎流動之中以向放水豈非水乎此關一

破讀辨正者思過半矣所以世之言龍穴砂水

者真未夢見也誠哉是言耳察有形之地而可

勿重天之無形之氣乎

識得陰陽玄妙理知其衰旺生與死不問坐山與來

水但逢死氣皆無取

此節暢言地理之要只在衰旺生死之辨也衰旺

有運生死乘時陰陽玄妙之理在乎知時而已坐

山有坐山之氣運來水有來水之氣運所謂山管

山水管水也二者皆須趨生而避死從運而去衰

然欲識得此理非真知河洛之秘者不能豈俗師

所傳龍上五行收山向上五行收水順逆長生之

說所能按圖而索驥者乎。

直解 此節承上文看金龍分兩片而言也。玄妙

是陰陽往來之玄妙生死是氣運消長之生死

氣運消長之生死蓋以當元者為田將來者為

生方去者為衰去已久者為死下二句總言上

山下水之趨避。

溫氏續解 卦爻之陰陽乾坤艮巽為陽子午

卯酉為陰寅申巳亥為陽乙辛丁癸為陰甲庚

壬丙為陽。辰戌丑未為陰此非定位之卦爻。要

從玄空流行卦爻之陰陽為主也衰旺生死即

天運消長之氣以洛書九數而論如上元一白。

坎卦當令為旺二黑坤卦將來為生九紫離卦

方去為衰八白艮卦去久為死生旺之星要放

在動處衰死之氣要放在靜處山主靜水主動。

陰陽即動靜山水即陰陽也。

先天羅經十二支後天再用干與維八干四維輔支

位子母公孫同此推。

羅經二十四路已成之跡。人人所知。何須特舉此
節非言羅經制造之法。蓋將羅經直指雌雄交媾
之玄關以明衰旺生死之作用爾。十二支乃周天
列宿之十二次舍故曰先天地道法天。雖有十二
宮而位分八卦每卦三爻。而十二宮不足以盡地
之數。故十干取戊已歸中以爲皇極而分布八干
爲四正之輔佐。然猶未足卦爻之數遂以四隅四
卦補成三八於是卦爲之母而二十四路爲之子
爲卦爲之公而二十四路爲之孫爲識得子母公

孫。則雌雄之交媾在此。金龍之血脈在此。龍神之

衰旺生死亦盡乎此矣。

俗註子寅辰乾丙乙一龍爲子酉亥未巽癸甲四龍爲孫非

巳丑艮庚丁三龍爲公午申戌坤辛壬二龍爲母卯

直解　上二句言二十四山不易之定位。下二句

分析八干四維十二支之子母公孫十二支之

子母公孫既分則某爲公某爲孫某爲子母都

在于斯。

溫氏續解　此節非說羅經二十四山之定位。

而子母公孫。即玄空入用之父母子息也。但卦

有卦之父母爻有爻之父母其入用之法如上

元一運之子午向以一入中順數五至午上五

屬戊己之土土無定位隨陰隨陽午上之五即

屬己己爲陰土即以陰土之五再入中逆行九

宮五即爲父母也如丁癸向六到癸上六是戌

乾亥癸上流行之卦爻即是亥亥屬陽順數九

宮六爲爻之父母非比午上之五爲卦之父母

也。此即玄空之子母公孫同此推排餘仿此法。

二十四山皆如此例。

二十四山分順逆共成四十有八局五行卽在此中。

分祖宗却從陰陽出陽從左邊團團轉陰從右路轉

相通有人識得陰陽者何愁大地不相逢

此一節申言上文未盡之旨也子母公孫如何取

用蓋二十四山止應二十四局而一山之局又有

順逆不同如有順子一局卽有逆子一局一山兩

局豈非四十八局乎此局得何五行則龍神得何

五行五行不在此中分乎然五行之根源宗祖非

取有形可見有跡可尋之二十四山分五行乃從

玄空大卦雌雄交媾之眞陰眞陽分五行也論至

此玄空立卦之義幾乎盡矣而又恐人不知陰陽

爲何物又重言以申明之曰如陽從左邊團團轉

則陰必從右路轉相通言有陰卽有陽有陽卽有

陰所謂陰陽相見雌雄交媾玄空大卦之秘旨也

言左右則上下四旁皆如是矣此卽上文龍分兩

片江南龍來江北望之意而反覆言之者也其奈

世人止從形跡上著眼不能領會玄空大卦之妙

故又發嘆曰。有人識得此理者。乃識眞陰陽。眞五

行眞血脉眞龍神隨所指點皆天機之妙何愁大

地不相逢乎若不識此雖大地當前目迷五色未

有能得其眞者也

俗註陽龍左行爲順陰龍右行爲逆陽亥龍左行爲甲木陰

亥龍右行爲乙木之類非

直解分者卽分兩片也。兩片者一顚一倒。一往

一來一順一逆也。分得順逆顚倒自然共成四

十有八局然分作四十八局何益蓋九星流轉

氣運循環。八卦九宮。卽從此而轉。順者順逆者

逆。故曰此中分。但五行之根源宗祖非取有形

可見。有跡可尋。二十四山所分之五行也。要從

大玄空卦中求天心之一卦流動九宮則甲癸

申非盡貪狼。而與貪狼爲一例。此卽所謂星辰流轉要相

軍而與破軍爲一例。此卽所謂星辰

逢順逆在此中分也。知此則在之陰陽可求

而得在在之陰陽既可求而得豈非定陰陽辨

順逆。元空下卦起星之根源宗祖耶要在未立

向以前將水之去來。山之入首四面八方仔細

看到排定方位後用挨星之法審其某水合某

水不合某山合某山不合另尋別向挨到處處

合時合運補救直達兼得方可如此則向之兼

左兼右兼干兼支之法無不在其中矣有人識

得流轉變遷隨時而在之陰陽者何愁大地不

相逢乎○盈虛消長之道本上下無常進退無

恆者也分者即從無常無恆之中分其進退定

其上下辨其陰陽分其順逆如是無常者似乎

有常無恆者、亦若有恆矣、

溫氏續解

　分順逆、即天心正運之一卦入中。

流動九宮、從玄空顛倒流行二十四山之陰陽

分順逆、此陰陽即前節註明乾坤艮巽爲陽子

午卯酉爲陰之陰陽也、如上元一運立子山午

向、先以天心正運之坎一入中、順數子山是乾

六乾屬陽、以乾六入中、順行九宮、午向是五、五

屬陰、逆行九宮、而六之陽五之陰、交媾於中五、

順逆顛倒、由此而排天心正運之一卦、豈非陰

陽順逆五行之根原宗祖乎其陽從左轉陰從

右通非左旋右旋之謂實陽順之數自一至九。

陰逆之數自九至一卦即是數數即是卦顛顛

倒倒下卦起星之法可明矣甲癸申非盡貪狼

而與貪狼為一例者如四運之立申向順行坎

一至坤申在坤卦之內申上之玄空即是坎卦

之癸申向之定位非貪狼玄空之癸乃屬坎卦

為貪狼矣豈非非盡貪狼而與貪狼為一倒乎

奧語首章亦即此意重之玄空也。

陽山陽向水流陽。執定此說甚荒唐。陰山陰向水流
陰。笑殺拘泥都一般。若能勘破個中理。妙用本來同。
一。體陰陽相見。兩爲難一山一水何足言。
又言所謂識得陰陽者乃玄空大卦眞陰眞陽。而
非世之所謂淨陰淨陽也。若據淨陰淨陽之說。則
陽山必須陽向。而水流陰。陰山必須陰向。而水流
陰時師拘拘於此。而不知其實無益也。眞陰眞陽。
自有個中之妙世人不得眞傳。無從勘破耳若有
明師指點一言之下立時勘破。則知不但淨陰淨

陽不可分。所謂眞陰眞陽者。雖有陰陽之名而止

是一物。又何從分。既知陰陽爲一物。則隨手拈來

無非妙用。山與水爲一體。陰與陽爲一體。二十四

山卦氣相通者皆爲一體矣。夫淨陰淨陽者。一山

止論一山之陰陽。一水止論一水之陰陽。故拘執

有形不能觸類旁通耳。玄空大卦。一山不論一山

之陰陽而論與此山相見之陰陽。一水不論一水

之陰陽而論與此水相見之陰陽。所以爲難知難

能而入於微妙之域。此豈淨陰淨陽之說。拘於有

形者。所可同年而語哉。

直解 山上龍神在山。水裏龍神在水。此即謂陽

山陽水此陰陽以來者爲陽往者爲陰當令者

爲陽失運者爲陰生者爲陽死者爲陰。非世所

謂左旋右轉也。亦非以山爲陰。而水爲陽也。又

非以紅字爲陽黑字爲陰也。又非以干屬陽支

屬陰也此關一破萬卷青囊絲絲入扣矣。陰陽

即往來。來即往往即來。來與往一氣連貫。本無

二物。須參與時偕行與時偕極即往來流動之

中在在有一陰一陽隨時而在者也。隨時而在。

乃是眞陰陽眞五行眞玄空眞血脈眞龍神若

拘拘于干支卦位左轉右到者何來個中之妙

耶。陰陽相見兩爲難者山上排龍水上排龍雌

雄相見也。此相見非坎龍必須離水之相見。兌

龍必須震水之相見要山上排龍排到水裏水

裏排龍排到山上山上水裏或來者與往者相

見。或得者與失者相見。或山與水相見。或水與

山相見。或相見之於山或相見之於水或山與

水都相見者、此謂之兩難註云、一山不論一山

之陰陽、而論與此山相見之陰陽、一水不論一

水之陰陽、而論與此水相見之陰陽、數語眞屬

玄妙難知、當細細察之、如曉得此山此水相見

之陰陽、方知山與水爲一體、陰與陽爲一體、二

十四山卦氣相通者、皆爲一體矣、豈拘拘于形

跡者所可同年而語哉

温氏續解　　陽山陽向陰山陰向、乃俗術之拘

執有形、從八卦二十四山納甲之紅字爲陽、黑

字為陰之淨陰淨陽也。其實與玄空大卦之眞

陰眞陽不審霄壤玄空大卦之陰陽是山上排

龍要山上得當元當令之星為陽山水裡排龍

要水裡得當元當令之星為陽水若山上排龍

裡排龍之星當元當令者到山卽為水裡龍神

之星當元當令者到水卽為山上龍神下水水

上山水主財祿山主人丁上山下水未免退財

傷丁山上排龍以玄空天運排到坐山入中或

順或逆若當令之星排到高山實地靜處卽吉

水裏排龍。亦以天運排到向首入中。或順或逆。
若當令之星排到水裏動處亦吉反此即是上
山下水。動衰靜旺陰陽相乘也。向即天陽應動。
坐即地陰應靜天氣下降地氣上升山向即天
地之氣均要入中者乃陰陽之對待交媾於中
五。此要玄空天運。挨排到山到向之星入中非
二十四山定位之山向即可入中也山與水相
對。即陰陽交媾也。而論與此山此水相見之陰
陽者。要玄空所排之二十四山與定位之二十

四山相見也。故曰一山不論一山之陰陽。一水

不論一水之陰陽而論與此山此水相見之陰

陽重之於玄空無形之氣。定位之二十四山不

論也。星即洛書九星貪巨祿文廉武破輔弼也。

二十四山雙雙起。少有時師通此義五行分布二十。

四時師此訣何曾記

此即上文二十四山分順逆之義而重言以嘆美

之雙雙起者一順一逆一山兩用故曰雙雙也。五

行分布者。二十四山各自為五行不相假借也。雖

如此云。而其中實有奧義。惟得秘訣者。乃能通之。

時師但從書卷中搜索。必不得之數也。於此可見

二十四山成格有定。執指南者。人人能言之。而微

妙之機。不可測識矣。

俗註乾亥爲一甲卯爲一丁未爲一之類釋雙雙起者非

直解 此處要順輪者。彼處要逆佈者。此時要順

排者。彼時要逆挨者。一山兩用。故曰雙雙也。且

二十四山定陰陽分五行起星下卦之法。其秘

盡在雙雙二字之內。能於此中推測。可得五行

分布之奧矣。

溫氏續解

空山向一順一逆一山兩用為之雙雙也五行

分布二十四者要從玄空流行之二十四山分

五行非定位二十四山之五行也此五行乃玄

空之九星五行也。

山上龍神不下水水裏龍神不上山用此量山與步

水百里江山一晌間

此即上文山管山水管水之義而重言以嘆美之。

二十四山雙雙起者即上文分玄

且又以世人之論龍神但以山之脈絡可尋者爲

龍神即其所用水法亦以山龍之法下求乎水以

資其用耳不知山與水乃各自有龍神也特爲指

出以正告天下後世焉山上龍神以山爲龍者也

專以山之陰陽五行推順逆生死而水非所論水

裏龍神以水爲龍者也專以水之陰陽五行推順

逆生死而山非所論剛柔異質燥濕殊性分路揚

鑣不相假也即有山龍而兼得水龍之氣者亦山

自爲山水自爲水非可以山之陰陽五行混入乎

水之陰陽五行也、山則量山以。辨山之純雜長短、
水則步水以。辨水之純雜長短得此山水分用之
法、百里江山一覽在目、此青囊之秘訣亦青囊之
捷訣也嗚呼、此言自曾公安剖露以來、於今幾何
年矣、而世無一人知者哀哉、

俗註論山用雙山五行從地卦查來龍八首論水用三合五
行從天卦查水神去來者非

直解 山用順、水用逆、俗註已明、水用逆而星仍
用順時師未曉此青囊之秘訣即青囊之捷訣

也。所云龍神非來龍來脉之龍神是挨星生旺

之龍神山上挨得生旺之龍神謂之葬著旺龍

當代發水裡挨得生旺之龍神謂之葬著天心

發豈遲者也、山自為山水自為水不相假借也、

溫氏續解

山用順者如上元一、二、三之山對

面即九、八、七之水仍要將玄空一、二、三之星排

到九、八、七之水下元七、八、九之山對面三二一

之水仍要將玄空七、八、九之星排到三二一之

水中元四之山對面即六之水仍要將四之星

排到六之水中五寄於四之末六之初爲三元

八卦九星山水順逆之用豈非山用順水用逆

而星仍用順也平洋以實地高處爲山低處有

水爲水山龍自以山爲龍平洋以水爲龍也

更有淨陰淨陽法前後八尺不宜雜斜正受來陰陽

取氣乘生旺方無煞來山起頂須要知三節四節不

須拘只要龍神得生旺陰陽郤與穴中殊

此淨陰淨陽非陽龍陽向水流陽之淨陰淨陽也

蓋龍脉只從一卦來則謂之淨若雜他卦即謂之

不淨而辨淨與不淨尤在貼身一節。或從前來。或
從後至。須極清純不得混雜八尺言其最近也。言
此尤為扼要所謂血脉也。一節以後則少寬矣。此
節須純乎龍運生旺之氣。若一雜他氣即是煞氣。
吉中有凶矣。來水如此。來山亦然。須審其起頂出
脉結穴一二節之近要得龍神生旺之氣。蓋龍頂
上聚受氣廣博能操禍福之柄。即或直來側受之
穴結穴之處與來脉不同而小不勝大。可無虞也。
此以知山上龍神水裡龍神皆以來脉求生旺而

尤重在到頭一節學者不可不慎也。

俗註以左轉右轉順逆爲陰陽者非

【直解】來山來水處處均歸一路即爲淨如出他
卦即爲不淨惟八首一節更不宜夾雜故特辨
之乘氣收水其法不一或有斜受或有正受或
陰來陽受或陽來陰受急來緩受緩來急受要
而言之生氣在左則左在右則右隨地取裁隨
時兼取者耳來山起頂者穴後主山之頂也須
要知者要知主山之頂屬何方位屬何星體也。

穴有穴頂穴頂之方位星辰亦要辨別清楚去

穴遠者不必拘拘屬何星體也只要合乎生旺

為妙然此生旺兼體用而言宜細細察之。

溫氏續解

此淨陰淨陽是說山地來脉之入

首平洋來水之三义入口處或近穴元神貼身

之水均須要一卦淨而不雜他卦之氣一卦淨

者如子癸來脉即為之淨若雜丑字即為出卦

不淨子癸乃坎之一卦丑為艮卦矣卦氣不一

陰陽亦異八尺是近穴一節山水二龍均屬緊

要來山來水。故須先到先收其氣之入穴為的

所以三節四節不須拘者是言遠則可勿重而

略之也。

天上星辰似織羅。水交三八要相過水發城門須要

會。邵如湖裏鴈交鵝

此以天象之經緯。喻水法之交會也。列宿分布周

天。而無七政以交錯其中。則乾道不成而四時失

紀矣幹水流行地中。而無支流以界割其際則地

氣不收而立穴無據矣。故二十四山之水。其間必

有交道相過。然後血脈眞而金龍動。大幹小支兩
水相會合成三義而出所謂城門者是也。湖裏鴈
交鵝言一水從左來。一水從右去。兩水相遇如鵝
鴈之一往一來也。詳言水龍審脉之法而立穴之
妙在其中矣。

直解 上二句取天象之經緯喻水法之交會。下
二句以鵝鴈之往來。比流神之屈曲。然大幹小
枝兩水相會合成三義。必有枝流界割其間。則
地氣收束。立穴有據矣。所謂氣無界不收。龍無

界不清脉無界不止穴無界不的即此意也

此以水法之曲折灣環重重交錯

於二十四山之內大水收入小水合成三义為

水之城門立穴定向城門爲穴內進氣之關鍵

若以玄空五行生旺之星排到城門即吉他處

稍得衰星亦可轉禍爲福若城門輪到衰死之

星不免凶也兩水相交合成三义即爲城門立

穴定向重在城門以玄空星辰之旺衰爲得失

也

富貴貧賤在水神水是山家血脈精山靜水動晝夜

定。水主財祿山人丁。乾坤艮巽號御街四大尊神在

內排生尅須憑五行布要識天機玄妙處乾坤艮巽

水長流吉神先入家豪富。

要在玄空大卦故云天機玄妙處也。

其生尅卽生旺尅卽衰死生爲吉神死爲凶神。

乾坤艮巽各有衰旺生死。非可概用須用五行辨

直解 山主靜水主動山管人丁水管財祿水法

美主財祿豐盈龍氣佳主人丁興旺水形屈曲

曰御街非以方位爲御街也。四大尊神卽衰旺

生死將此衰旺生死排在乾坤艮巽水中故曰

在內排天機卽天運吉神先入謂當收得生旺

爲先也。○先到先收亦謂之先入。

　吉凶悔吝生乎動水爲流動之物。

其應之速更勝於曲也。所以爲山家血脈之精

水主財祿要水裡龍神得旺山主人丁要山上

龍神得旺乾坤艮巽號御街者乾坤艮巽俱居

四隅水能四隅遞到豈非水形屈曲四大尊神

地理合璧　卷二　青囊序

卽衰旺生死。玄空排在四隅之中。須先收生旺

之方爲先也。其法亦以天運入中流行九宮應

用何山何向。玄空對待交媾於中五之所。然後

陽順陰逆挨排生旺之星。在何四隅緊要用神

之處合時合吉。所謂天機者卽此也。

請驗一家舊日墳十墳埋下九墳貧。惟有一墳能發

福。去水來山盡合情。

直解　如十墳用十處有山情好者。有水法好者。

有山水無情者。有發福者。有衰敗者。地非一處。

盛衰亦無一定自然之理也。楊公獨舉十墳埋

下之句。蓋屬假借之辭申言用法之得弗得也。

謂此十墳用於一處則九墳之前後左右來山

去水坐山朝向乘氣收水方位干支與此一墳

總是一般模樣既是一般則九墳之盛衰宜與

此墳一般。爲是乃九墳敗而一墳獨發者何也？

墳之形局雖是同所用之時各有先後時有先後。

坐山朝向雖是一般在在之陰陽各別陰陽既

別。則五行之消長氣運之盛虛自有合與不合

合情者惟此一壩體與用消與長處處用得合

法也

溫氏續解　此節不過說九壩之來山去水坐

山朝向均與所壩之元運相背不合玄空之機

也惟此一壩所用之元運與山水形體玄空五

行之山上水裏處處與時相合故能發福也

宗廟本是陰陽玄得四失六難爲全三才六建雖爲

妙得三失五盡爲偏蓋因一行擾外國逐把五行顚

倒編以訛傳訛竟不明所以禍福爲胡亂

此節旁引世俗五行之謬以見地理之道惟有玄
空大卦看雌雄之法所以尊師傳戒後學也蓋唐
以後諸家五行雜亂而出將以擾外國而反以禍
中華至今以訛傳訛流毒萬世曾公所以辨之深
切也歟

直解　宗廟五行是唐一行所造所云得三失五

得四失六者非盡善之謂也

溫氏續解　　得四失六得三失五者乃八方之
山水形體與玄空五行之法不能處處相合或

水吉而山凶或山吉而水凶或向首乘旺而坐

山值衰或山水衰旺參半體用難以全合故云

然也

地理合璧 卷□ 青囊序

青囊奧語　唐楊益筠松撰

無心道人增補　直解

錫山溫榮鑛明遠甫續解

上海朱之翰紫君甫較印

楊公得青囊正訣約其旨爲奧語以玄空之理氣。

用五行之星體而高山平地之作法已該括於其

中。然非得眞傳口訣者索之章句之末終不能辨

謂之奧語誠哉其奧語也。姜垚汝皋氏注

坤壬乙巨門從頭出艮丙辛位位是破軍巽辰亥盡

是武曲位甲癸申貪狼一路行。

姜氏曰、挨星五行。即九星五行也。貪巨祿文廉武
破輔弼。一一挨去。故曰挨星。玄空大卦五行亦卽
挨星五行名異而實同者也。此五行原本洛書九
氣。而上應北斗主宰天地化育之道幹維元運萬
古而不能外也。此九星與八宮掌訣九星不同唐
使僧一行作卦例以擾外國專取貪巨武為三吉
其實非也。夫九星乃七政之根原八卦乃乾坤之
法象皆天實地符精華妙氣顧于其中分彼此辨
優劣眞庸愚之識詭怪之談矣。止是天地流行之

妙與時相合者吉與時相背者凶故九星八卦本

無不吉而有時乎吉本無有凶而有時乎凶所以

其中有趨有避眞機妙用全須秘密耳眞知九星

者豈惟貪巨武爲三吉即破祿廉文輔弼五凶亦

有吉時眞知八卦者豈惟坎離乾坤四陽卦爲凶

即震巽艮兌四陰卦亦有凶時斯得玄空大卦之

眞訣矣奧語首揭此章乃挨星大卦之條例坤壬

乙非盡巨門而與巨門爲一例艮丙辛非盡破軍

而與破軍爲一例巽辰亥非盡武曲而與武曲爲

一例甲癸申非盡貪狼而與貪狼爲一例此中隱

然有挨星口訣必待眞傳人可推測而得若舊注

以坤壬乙天干從申子辰三合爲水局故曰文曲、

艮丙辛天干從寅午戌三合爲火局故曰廉貞之

類謬矣又有云長生爲貪狼臨官爲巨門、帝旺爲

武曲亦謬、

直解 挨星五行卽九星五行貪巨祿文廉武破

輔弼一一挨去故曰挨星此五行原本洛書九

氣而上應北斗主宰天地化育之道其氣無形

可見者也。無形之氣爲天所行也。有形之質爲

地所行也。一二三四五六七八九。即大五行爲

天行氣。爲地行形之次序。非水火木金之在天

成象又非方圓直銳之在地成形又非東木西

金之方位又非坎水離火之卦屬故名之曰大

玄空此五行隨氣變遷隨運轉移天心一動。九

宮便更名非有定氣隨星分故曰非巨門而與

巨門爲一例非破軍而與破軍爲一例如是則

下卦起星之訣定卦分星之奥曉然矣若拘拘

於字義則與玄空二字之意不合

溫氏續解

卦數之八九七巽辰亥卦數之四四六甲癸申　坤壬乙乃卦數之二二三艮丙辛

卦數之三一二此節二十四山之卦爻雖書其

半而天地人三元之卦與數已備惟數獨隱秘

其五不肯明言中五爲八卦九星玄空流行陰

陽順逆五行顛倒變化錯綜下卦起星之法悉

由中五爲入用之樞方能旋轉九星所以謂此

中隱然有挨星口訣天心卽天運如上元二運

坤二巨門居中立極卽爲天心之動依數順逆

挨去豈非九宮便更玄空流行之九星亦隨時

而更變乎似巨門非巨門者坤爲巨門之正位。

壬乙是貪祿之爻神卦數卽是一三之貪祿而

非巨門。可與巨門爲一例者如六運之用壬向

以六入中順數坎卦貪狼壬上是二以玄空之

二巨門爲用。豈非壬非巨門。而可與巨門爲一

例也。四運之乙向亦然艮丙辛巽辰亥甲癸申

非盡破軍武曲貪狼而與破軍武曲貪狼爲一

屬五行也。玄空者流行之氣也。下卦起星者如

地之氣皆數也。大五行亦洛書九氣之星卦所

數陰陽奇偶。順逆顛倒依數挨去故曰挨星天

氣地行形皆以洛書一二三四五六七八九之

實藏於四六兩運之內爲陰陽兩片之分天行

空流行之九星五行也。中五者太極之象其數

卦五行不論定位八卦九星之五行。而要用玄

一節以明作用故曰挨星大卦之條例玄空大

例者亦卽此也以玄空之九星一一挨去發此

上元一運。坎卦入中即為所下之坎卦也。起星

者卽隨所下之卦玄空流行至應用山向上之

星再對待交媾於中五陰陽順逆流行八卦二

十四山為起星也。餘運倣此

左為陽。子癸至亥壬右為陰。午丁至巳丙

姜氏曰。此節言大五行陰陽交媾之例如陽在子

癸至亥壬則陰必在午丁至巳丙矣。自子至壬自

午至丙。路路有陽。路路有陰以此為例。須人自悟

也。非拘定左邊為陽。右邊為陰。若陰在左邊則陽

又在右邊矣亦可云左右亦可云東西亦可云前
後亦可云南北皆不定之位雌雄交媾非有死法
故曰玄空舊注自子丑至戌亥左旋爲陽自午至
申未右旋爲陰謬矣

直解 陰陽左右是天地交媾之眞陰眞陽。如陽
在子癸陰必在午丁。陽在午丁陰必在子癸。陽
在左陰必在右。陽在右陰必在左。八卦四隅路
路有陽路路有陰非拘定左邊爲陽右邊爲陰
也。陰陽有一定之氣無一定之所。陰陽雖無定

所隨時而在者也若拘拘於子癸午丁亥壬巳

丙順則皆順逆則則逆何來左與右耶楊公恐

人拘定故特辨之○陰陽左右是翻天倒地隨

時顛倒之陰陽隨時顛倒左右自無一定苟曉

顛倒無定之陰陽方知陽在彼陰必在此之竅

矣

溫氏續解　此陰陽非左旋右轉者為陰陽若

以左旋右轉為陰陽子癸至亥壬午丁至巳丙

皆順行左旋也何來左為陽右為陰乎如上元

一運以坎龍入中順數至坎。子癸上是乾六六

即乾亥二字屬陽順行九宮。故曰左為陽子癸

至亥壬坎龍入中順數離上是五為戊己之土

隨陰隨陽。午丁二字即巳土屬陰。逆行九宮故

曰右為陰午丁至巳丙。此陰陽非左旋右轉為

陰陽。乃要以玄空流行數之順逆為陰陽也。

姜氏曰玄空之義見于曾序江南節注

雌與雄交會合玄空雄與雌玄空卦內推

直解 合玄空即合陰陽往來之玄空陰陽往來

六

地理合璧 卷二 青囊奧語

山與水。須要明此理。水與山禍福盡相關。

卦內推豈非顛倒之法明矣。

看卦爻之陰陽分其順逆顛倒流行故曰玄空

空卦內推者再將所立立空山向交會於中五。

向卦爻陰陽之對待交會於中五也雄與雌玄

溫氏續解

　雌與雄交會合玄空者乃所用山

用也

也得此訣須知氣有一定之氣而用無一定之

之玄空總在山上水裡雌雄交會之內故曰推

姜氏曰、山有山之卦氣、水有水之卦氣、脫不得陰

陽交媾之理、山有山之禍福、水有水之禍福、有山

禍而水福、有山福而水禍、有山水皆福、有山水皆

禍互相關涉品配為用

明此理者即明雌雄交會之理也、此交會

之理蓋以地之體主靜、天之氣主動、主動之氣、

生乎上主靜之氣成乎下、雌雄交媾、動靜生成、

此氣本無往不在、無時不有、無物不生者、所

謂葬乘生氣、即乘此生氣也、葬得此生氣、則天

氣歸之天。氣歸則地。氣必從之矣。如是則陰陽

之道山水之理可得而知矣○山與水水與山

是言山上水裡之排龍也。明此理即明一山不

論一山之陰陽一水不論一水之陰陽而論與

此山此水相見之陰陽也。上節所云雌與雄雄

與雌即是山上水裏元空交會有彼此生生之

妙也。

溫氏續解　此節亦前節雌雄交會之理所以

山與水水與山互相關涉也山水卽陰陽向卽

天之氣坐卽地之氣天地之氣交會於中陰陽

變化流行然後地之形能受天之氣形與氣相

生卽葬乘此生氣也此生氣無形可見要當元

之旺星放在水裡衰星放在山上此指向首挨

排而言若以坐山挨排又要當元之旺星放在

山上衰星放在水裏卽爲陽水陰山陰水陽山

也一山不論一山之陰陽一水不論一水之陰

陽而要與此山此水相見之陰陽者如一運之

用子山以一入中順數坎上是乾而乾豈非與

子相見者乎。一運之子山。不以子論。而要以與

子相見之乾為用也。不論定位之八卦二十四

山。要從玄空流行之八卦二十四山為用也。餘

仿此。

明玄空只在五行中。知此法不須尋納甲

姜氏曰。九星五行大卦之法。只明玄空二字之義。

則衰旺生死瞭然指掌之間不必尋乾納甲坤納

乙。巽納辛艮納丙。兌納丁震納庚離納壬坎納癸

之天父地母一行所造卦例矣。

直解　無定無據無方無隅無始無終無形無跡。

無往不在無時不有日玄空五行者是挨星五

行卽大玄空九星五行非諸家之五行也切莫

誤認九星五行之中有與時合者有與時背者

八卦九星本無有凶不合則凶本無有吉合時

則吉如此則墓宅之興衰瞭然矣何必用尋乾

尋甲之法乎

溫氏續解　玄空五行卽九星五行玄空之機。

均在中五。陰陽交媾亦在中五由中五一變九

宮流動。二十四山亦隨之而變陰不是陰陽不

是陽亦在其中矣

顛顛倒。二十四山有珠寶。順逆行二十四山有火坑。

姜氏曰顛倒順逆皆言陰陽交媾之妙二十四

陰陽不一吉凶無定合生旺則吉逢衰敗則凶山

山皆有珠寶山山皆有火坑毫釐千里間不容髮

非眞得靑囊之秘何以能辨之乎

【直解】顛倒。卽翻天倒地之顛倒。正是。陰不是陰。

陽不是陽之顛倒下二句總論俗術之非

二十四山之有珠寶火坑者。無非

旺衰二字。從玄空天運流行之坐山朝向對待

交媾於中五。順逆行去。何方有山。何方有水要

當元當旺之令星。與地體形局用神之星。與時

相合則爲珠寶。與時相背則爲火坑矣。翻天倒

地者。即從玄空翻天干倒於地支。爲翻倒也。

溫氏續解

認金龍。一經一緯義不窮。動不動。直待高人施妙用

姜氏曰易云乾爲龍乾屬金乃指先天眞陽之氣。

無形可見者也。地理取義于龍。正謂此耳。一經一

地理合璧 卷二 青囊奧語 十一

緯卽陰陽交媾之妙。金龍之經緯隨處而有而動。
與不動去取分焉必其龍之動而後妙用出焉若
不動者不可用也金龍既屬無形從何可認認得
動處卽知用法所以有待高人也歟。

直解 認金龍者卽認無形之氣也無形之氣曰。
之法矣一經一緯者卽動者運行於上無一息
知其動與不動知得動處卽知察血脈認來龍
認苟能認得無形之氣執往執來誰消誰長方。
往月來盈虛消長經緯無窮者也此氣從何可

之停主降靜者安靜於下亘古不移主升升升。

降降上行下效縱橫顛倒總由動而使然也如

舍經而言緯非但無氣質生成之妙理且無用

往來之氣化孤陽不生緯亦空有是緯矣如舍

緯而言經非但無寒暑以化物并無秋落春榮

之變易獨陰不育經亦徒有是經矣〇金龍既

屬無形不在形跡上求動靜曉然矣不在干支

方位上求動靜亦曉然矣。

溫氏續解　　金龍卽前青囊序中先看金龍動

不動明指要認無形之天氣也。經即地體爲靜

而不動緯即天氣。乃動而不息以動而不息下

降之天氣合靜而不動上升之地氣苟能天與

地。相生相合豈非義不窮哉二十四山不動之

定位亦爲經玄空流行之八卦二十四山亦爲

緯若非高人焉知動在何處而施其妙用乎經

緯之道明矣。而金龍之動即前註一運已交坎

龍動矣離龍爲九運已過即爲不動總之處處

說無形之天運天運即氣之往來氣之往來即

數之代謝衰旺生死由此而分所以不在形跡

上求動靜亦不在定位上之干支求消息要在

無形立空流動之中求眞機可曉然矣

第一義。要識龍身行與止第二言來脉明堂不可偏。

第三法。傳送功曹不高壓第四奇明堂十字有玄微。

第五妙。前後青龍兩相照第六秘八國城門鎖正氣。

第七奧。要向天心尋十道第八裁屈曲流神認去來。

第九神。任他平地與青雲第十眞若有一缺非眞情。

姜氏曰上節言金龍之動不動。而此節緊頂龍身

而收之不可偏廢也。傳送功曹乃左右護龍星辰

受氣明堂自有明堂之受氣二者須各乘生旺兼

結者豈容執一楊公之意蓋謂來脉自有來脉之

矣來龍結穴變化不一有直結者有橫結者有側

側也若如所云則子龍必作午向亥龍必作巳向

脉明堂不可偏非謂來脉必與明堂直對不可偏

第一有此一著然後其餘作法可次第而及也來

有金龍只云行龍原無止氣故高人妙用以此為

行與止學者不可忽也蓋有動則有止不動則雖

蓋眞龍起頂。必高于護砂乃爲正結若左右二星

反壓本山非龍體之正矣平地亦然貼身左右有

高地掩蔽陽和房分不利。俗術所不覺也。十字玄

微乃裁穴定向之法雖云明堂。實從穴星內看十

字明此十字則穴之上下左右向之偏正饒減盡

于此矣其云玄微誠哉其玄微也歟前後青龍兩

相照從案托龍虎定穴法者此義易知八國城也。

八國有不滿之處是曰城門蓋城門通正氣之出

入而八國鎖之觀其鎖定之方便知是何卦之正

氣以測衰旺而定吉凶也。故曰秘天心十道緊頂

八國城門而來。蓋城門既定正氣之來踪而又當

于穴內分清十道乃知入穴正氣。廣狹輕重銖兩

平衡之辨。故曰奧此兩節專言入穴測氣。非論形

勢也。不然則與明堂十字。前後青龍兩條不幾于

複乎。屈曲流神已是合格之地。然有此卦來則吉

彼卦來則凶者概以屈曲而用之誤矣。須有裁度。

乃可變通取用。故曰裁以上皆審氣之眞訣。至微

至渺者。一著不到。將有滲漏而失眞情矣。平地高

山。總無二法上八句各是一義末二句不過叮嚀

以囑之語氣湊拍借成十節耳

直解　第一義○上節言無形之氣動不動此節

言有形之質止不止楊公看雌雄之法蓋以有

形之質為體無形之氣為用一體一用雖有動

靜之殊然必體立而後用行故以龍身行止為

第一經云形止氣蓄萬物化生卽此之謂也

第二言○山有山之行止水有水之行止分定

行止然後辨其是地非地再辨其屬何卦氣屬

何生旺得為不偏不得即謂偏。非坎龍離水之

偏不偏也。

第三法○傳送功曹是前後左右輔從之別名。

高壓者賓欺主之象也。

第四奇○明堂十字乃裁穴定向之法。在未立

穴以前先看四面情形八方來勢次看來山來

水合何時之生旺再看內堂外堂去來止聚之

方如是則知穴之宜左宜右宜前宜後自有一

定不可移易之穴自有一定不可移易之向矣。

第五妙○細看前後左右龍虎案托。左爲龍右

爲虎前爲案後爲托環抱開面相向有情爲照。

兩相照者。八方相照有情也。

第六秘○城門二字最難拘碍水有水之城門。

山有山之城門。水之城門有三乂。以三乂爲城

門。無三乂以水之照穴有情處爲城門。亦有以

來處爲城門。亦有以去口爲城門總以有權有

力處爲是。山之城門以入首束氣處爲城門或

以過峽起頂處爲城門。亦有以某處來脈。卽以

某處為城門。平原平陽以枝浜界氣為城門或

以低田界水止處為城門。鎖正氣者看准城門

正氣鎖定在何方也。

第七奧○天心十道是用法之至美者也上文

十道從形跡上看此節以體用合宜山水兼得

便為十道。十道即天卦之十道非地卦之十道

也地卦之十道一九二八三七四六人人知之。

何以云奧楊公于此節發明要向天心尋者真

所謂披肝露胆之說陰陽相見之妙訣也。苟能

曾得其理十道自然有處可尋當在向上分清。
不用別處尋也。

第八九十三節○水神雖以曲爲吉然有此處
來則吉彼處來則凶者其中須有裁度平地靑
雲卽高山平洋高山平洋其用則一十眞者龍
穴沙水鬼曜朝對處處環抱朝拱更兼山得山
之用法水得水之用法此卽謂十眞或體好而
用不能全合或用得而體少有偏側反跳之形。
總謂之缺以上十節須以龍眞穴的爲要龍果

眞穴果的止自有止行自有行。
功曹自有傳送自有十字自有城門左右自然
照應流神自然屈曲如龍穴一有不的外面空
有萬重山卽此謂也。

溫氏續解

第一說龍身之行止有體用之分。
體之行止山法有分枝劈脉從大山落下爲之
行直行至脉絡盡處到頭爲之止水法以大河
初入浜處爲之行直至浜底盡處爲之止所以
山水形體之行止則一也若論其細義山水形

體有移步換形之變貴作者隨地細心取裁因
時圓通活變神而明之自有所得至用法之行
止玄空九氣流行為之行如時值上元一運一
為坎為貪狼須以玄空流動之中將此坎一貪
狼之星放在水之浜底盡處或放在向前水之
闊大曲動之處即為之龍到頭亦為之止也山
水總以權力獨勝之處為一穴之用神吉凶之
應靈如桴鼓第二來脉明堂不可偏要坐後之
來脉與穴前之明堂均要收玄空生旺之氣入

穴為不偏。倘稍涉衰死卽偏也。第三傳送功曹。

論體兩砂齊抱降伏有情護衞正龍論用要左

右乘旺生扶向首主星也。第四明堂十字之玄

微與第七天心之十道重之立穴定向須要四

面八方將玄空排到處處不犯上山下水陰陽

無相剝相反來山去水體用悉合爲之十道所

以要向天心尋者天心即天運非地卦定位之

一九二八三七四六之合十要玄空流行會合

之十道也第六是八國城門最爲緊要用山有

山之城門。用水有水之城門。無非要將當元得
令之星。排到城門。城門者何。有權有力立穴緊
要用神之處也。城門既得生旺穴內亦乘生旺
之氣矣。其餘八九十三節。或論體。或論用。閱蔣
傳章解之原文自明。不待註解而可知也。此十
節或言體。或言龍穴砂水其實體之言
龍即高低起伏用之龍即天元九氣流行循
環不息體之言穴即水抱砂圍無漏風冲泄無
山情裸亂有窩鉗乳突胎息孕育顯明之處用

地理合璧　卷二　青囊奧語

十九

之言穴。即中五立極之處。要與外來八方旺衰
之氣玄空挨排生克之機處處合配體之言砂。
要山形拱向。如人之兩手灣抱。高低適均用之
言砂即玄空星辰要生扶向首體之言水要灣
環曲折之玄兜抱則吉。硬直反跳尖射則凶用
之言水要玄空流行向首排出之星辰以當元
將來生旺之氣排入水中過去已久衰死之星
辰排在高山實地處處配合陰陽各得為之天
根月窟。玄竅相通所以楊公云世之言龍穴砂

水者眞未夢見也。時師但知體之龍穴砂水而

不知用之亦有龍穴砂水無怪學地理者似是

實非難明其奧也。余青囊序中已經續解今再

複述者恐習斯道之忽。而不潛思其奧故重言

申明之。

明倒杖卦坐陰陽何必想。

姜氏曰此以下二節專指山龍穴法與平地無涉。

因世人拘執淨陰淨陽之說。故一語破之倒杖非

必如俗傳十二倒杖法此後人偽造也。只接脉二

字。足盡倒杖之眞訣。既知接脉。便知眞穴。既得眞

穴。便有眞向。自然之陰陽。已得又何必淨陰淨陽

之拘拘哉。

直解 此節申言裁穴定向之法。要在未立穴以

前先看山之來脉。從何起頂。從何入首。細細看

准。某干上是來脉。某干上是入首。辨清干支夫

婦再看水之去來。某處是來源。某處是去口。某

處是三义。一一看到然後再辨孰陰孰陽誰得

誰失。方可剪裁趨避。如卦坐倒杖等語。總言乘

地理合璧　卷二

氣收水之法何必想三字。是言楊公不勉而中

不思而得之致。○楊公當時攜杖登山隨機指

點後人神其說為有十二種倒杖法傳訛之至

溫氏續解　倒杖之法後人偽造註中已明卦

坐陰陽卽坐山朝向對待之陰陽所以要在未

立穴以前看准地體如何究竟用何山向為合

玄空中是何干支對待是何陰陽順逆挨排卽

知應立何山何向兼何干支山龍先要看准來

脉之起頂入首平洋先要看准水口三叉在何

二十

干支字位。再用玄空挨星之法。形氣配合其間

裁穴定向自然何必想也。

識掌模。太極分明必有圖。

姜氏曰山龍眞穴必有太極暈藏于地中此暈變

化不同而其理則一非道眼孰能剖露哉

直解 按識掌模三字分明是掌上起星辰類聚

羣分之太極何曾說著地中之太極果是地中

之太極與掌何相干涉○要得內極先求外極

弗識外極焉識內極既識外極再尋內極從此

尋極萬不失一。要求太極先求的穴。再尋蟬翼

自有眞極○無物即無極卽無物自

有極有極自有物極以物定物以極分未生物

先生極未生極先生物極先生物物生物物生極極物物生

生方知物物一太極

溫氏續解　此節姜氏恐露其機借地中暈極

以混之說掌模明說掌上起星辰但掌上之星

辰從何而起掌中可分九宮起星之法卽洛書

九氣以中五為立極將一二三四九八七六順

逆之數由中五挨去八卦九宮從此流行二十

四山亦隨之而轉吉凶旺衰從此而出豈非掌

中太極外分明也哉

知

化氣生尅制化須熟記。

氣勝衰敗之氣是為制化此一節兼平地而言。

姜氏曰生旺之氣為生衰敗之氣為尅扶生旺之

直解 知化氣要知天地化育之氣化育之氣至

公至平無往不在無時不有既知此氣再細細

考其所以生所以化所以尅制之理苟能熟記

於胸中。則天地之氣機墓宅之興衰瞭然矣。生
尅。卽五行之生尅制與化。蓋言以文制武以貴
治賤以長治幼以尊治卑之理三綱五常爲王
道之制化。此理之當然也。陰陽剛柔水火木金
爲五行之制化此氣之當然也。其事雖異其理
則一細心參考制化之理自得矣○虛則補其
母實則瀉其子亦是制化之妙法也

　　既知體用龍穴砂水之變化。卽知
五行生尅制化之理。此五行亦卽大玄空九星

五行也。非定位二十四山之九星五行。讀辨正
者。總以玄空流行之九星五行為主。切勿誤認
板格也。譬如我之用神是木流行之金氣來克
我。卽以流行之火制之。或以水泄之。似得制化
之妙矣。但我所用之木。適值其衰。而克我之金
又因時乘旺。此秘旨所謂彼來克我。適所以生
我也。以旺克衰。衰反為旺。無須火制水泄也。
說五星方圓尖秀要分明。
曉高低星峯須辨得玄微。

鬼與曜生死去來眞要妙。

姜氏曰此三節皆論山龍形體不須另解鬼曜之

生死去來是辨龍穴之要著也龍之轉結者背後

必有鬼有穴星如許長而鬼亦如許長者俗眼難

辨有反在鬼上求穴者不知穴星是來脉爲生鬼

身是去脉爲死察其去來而眞僞立辨矣盡龍左

右龍虎都生曜氣向外反張有似乎砂之飛走者。

此眞氣有餘直衝上前而餘氣帶轉如人當風振

臂衣袖飄揚反向後也在眞龍正穴則爲曜氣在

無有穴之地。則爲砂飛此其辨在龍穴而不在砂

也。

直解　五星即木直金圓土方水曲火尖之五星

要分明者。要說五星正變之象也。

星峯在旺方宜高衰方宜低是楊曾之眞訣須

高處得高處之五行。低處得低處之五行元微

者各得其宜也。

鬼曜專論挨生棄死之法。

溫氏續解　此三節統論山龍形體巒頭諸書。

地理合璧　卷二

載之已詳毋庸再解惟高山低水之旺衰須要

各得其宜勿犯上山下水之病爲得也。

向放水生旺有吉休囚否。

姜氏曰向中放水世人莫不以來水特朝爲至吉。

去水元辰走泄爲至凶殊不知向上之水不論去

來若合生旺則來固吉去亦吉若逢休囚則去固

凶。來亦凶楊公因向上之水關係尤緊其說最能

誤人故特辨之。

直解　大凡向上之星得生旺爲要五歌云向首

一九〇

二十四

一星災福柄。向上無水去來者。猶可或有水去
來者。或有水聚者。或見水光者。或合成三義者。
此謂之玄關。又謂之城門關繫盛衰之地。最為
緊要可不加意細察乎。○重在玄空得失不重
水之去來。然來水特朝去水走泄其形人所易
曉生旺休囚世所不識。

溫氏續解　一篇奧語至此方說明向放水者。

論水之吉凶要從向上排出之星辰合何方之
水為吉為凶。要將天運入中之星輪到向首得

何星辰再將此星入中順逆挨排何方有水何

方有山陽星得令排到水裏則吉陰星失令排

到山上為合若排山則以坐山為主不論向也

坐山排龍山上要得陽星水裏得陰星所謂陽

水陰山陰水陽山也向首一星關係最重向者

即向天陽之氣天主動其應速星氣旺則吉衰

則凶所以向首一星為災福之柄其可忽乎向

中之放水一隻眼至此方露其機耳

二十四山分五行知得榮枯死與生翻生倒地對不

同其中秘密在玄空認龍立穴要分明在人仔細辨

天心天心既辨穴何難但把向中放水看從外生入

名爲進定知財寶積如山從內生出名爲退家內錢

財皆盡費生入尅入名爲旺子孫高官盡富貴

姜氏曰玄空大卦之妙只翻天倒地對不同七字

二十四山既分定五行則榮枯生死宜有一定矣

及其入用有用于此時則吉用于彼時則凶者時

之對不同者其一也有用之此處則吉用之彼處

則凶者物之對不同者又其一也此其秘密之理

非傳心不可。天心卽上文第七奧之天心。另有辨

法非時師所謂天心十道也。若如時師之說。又何

用仔細耶。天心既辨則穴中正氣已定而撓其權

者在向中所放之水也。從外生入。從內生出。此言

穴中所向之氣也。我居于衰敗而受外來生旺之

氣所謂從外生入也。我居於生旺而受外來衰敗

之氣。似乎我反生之。故云從內生出也。此言穴中

所向之氣穴中能有生入之氣矣。而水又在衰敗

之方。則水來尅我。適所以生我也。內外之氣一生

一尅皆成生旺。兩美相合。諸福畢臻。所以高官富

貴。有異于常也。此其中正有對不同者。存焉舊注

所云小玄空水生向尅向為進神向生水尅水為

退神非是青囊豈有兩玄空五行耶

直解　二十四山。何山當順推五行。何山當逆挨

九星。知此即知得生死榮枯矣。何山順。何山逆。

有一定之氣。無一定之位。須參與時。偕行與時。

偕極自有一陰一陽。隨時而在者也。曉得在在

之陰陽空中分陰陽定五行之訣可得矣。如生

出生入尅出尅入乃言穴中所向言氣也穴中
所向之氣衰旺有運死生隨時不可以一例求
之者也

溫氏續解

二十四山之五行非羅經之呆方
位也要從天心正運玄空推排而出之二十四
山五行也知此榮枯生死自明矣玄空即由中
五推排翻天干倒於地支之上變成活局豈非
對不同哉其中秘密悉在玄空不在呆方位可
知矣苟能辨明天心活用之機認龍立穴何難

哉向中放水前已註明今再重言可見鄭重在
向中排出之星辰流行二十四位何位得水爲
吉爲凶皆以向首爲主生克出入無非穴中所
向之氣旺與衰也穴卽中五立極爲內八方之
氣爲外坐山所排之氣亦爲內向首所排之氣
亦爲外也穴內之氣雖旺而受外來衰敗之氣
相乘豈非旺氣從內生出故云似乎我何以又云
矣水又在衰敗之方則水旣來克我何以又云
適所以生我也而水固在衰敗之方玄空流行

之星仍要用旺所以云水來克我適所以生我

也此說初學甚難明白而章解中。有山用順水

用逆星仍用順可曉暢矣。

脈息生旺要知因。龍歇脈寒災禍侵。縱有他山來救

助空勞祿馬護龍行。

姜氏曰此下二節總一篇之意言先尋龍脈以定

穴之有無次論九星以辨氣之吉凶也此一節先

言形體而以來龍之脈息爲重外砂之護夾爲輕。

直解生旺是氣運之生旺知氣運之生旺方可

立向消納剪裁趨避倘不知此氣則趨非所趨

避非所避空用祿馬貴人有何益哉○山龍眞

結到落脈入首處必有似有似無呼吸浮沉之

動氣此謂之脈息猶人身之六脈一般身之六

脈主宰血氣流行三焦灌漑全體脈非他物卽

神之別名也華元化云脈者氣血之先也先也

者主宰乎氣血之神也由此觀之脈之生旺豈

可忽乎

溫氏續解

此節雖論山龍之形體而其實仍

着緊氣運。形體之龍穴砂水。固要合格。而氣運

消長之機。吉凶皆由此而可趨避。總之體用不

可偏廢也。

勸君再把星辰辨吉凶禍福如神見。識得此篇眞妙

微。又見郭璞再出現。

姜氏曰。此一節乃言卦氣。而以九星大五行爲主。

言如上節所云。雖得來龍脈息之眞穴。而吉凶禍

福尚未能取必。勸君再將挨星訣法細審衰旺生

死而後可趨吉而避凶轉禍而爲福一篇之旨不

過如此苟能識其微妙前賢與後賢一般見識一

般作用青囊三卷更無餘義矣

總論楊公此篇其言玄空大卦挨星五行即青囊

經上卷陽生于陰之義而下卷理寓于氣之妙用

也其言倒杖太極暈五星脈息即青囊經中卷形

止氣蓄之義而下卷氣圍于形之妙用也一形一

氣括盡青囊之旨而究其玄機正訣如環無端不

可捉摸謂之曰奧語宜哉

直解 龍穴砂水分合向背諸般皆有形跡可見。

有統令專令。於五常有君臣父子夫婦昆弟。於

陽往來。有氣色情性。有五行稟性。有三吉五吉。

眞訣再將星辰考究明徹星有吉凶消長。有陰

細按再辨兩字。明明教得訣者而言也。謂既得

細審辨而後趨避如是。則體與用無所不當矣。

將大五行之情性剛柔往來進退盈虛消長細

公教得訣者而言也。謂既得眞訣又得吉地再

不知卽古今以來知者不過數人而已。再者楊

是眞是假人所易曉惟大玄空五行之法。世所

時有秋冬春夏。於物有方圓直銳。於五行有水
火木金諸星各有所司。諸物各有所稟苟能細
細考究明徹前賢後賢一般見識一般作用。誠
哉得訣者所當辨也。

　星辰須要辨明何吉何凶形體之

分合向背亦要看準將此玄空九星大五行挨
到處處合時合吉所以再要把星辰辨者教學
者仔細切勿忽略致有毫釐千里之失也。郭璞
晉人。爲挨星玄空大五行之祖也。

地理合璧卷二終

周同鑽　于緒
王銓濟　巨川　校字
沈爾晟　景陽